中华文化元素

ZHONGHUA WENHUA YUANSU

冯天瑜 姚伟钧 主编

书院

SHUYUAN

邓洪波 兰军 著

長春出版社

国家一级出版社

全国百佳图书出版单位

图书在版编目（CIP）数据

书院 / 邓洪波，兰军著．— 长春 ： 长春出版社，2016.12

（中华文化元素丛书 / 冯天瑜，姚伟钧主编）

ISBN 978-7-5445-4685-0

Ⅰ．①书… Ⅱ．①邓… ②兰… Ⅲ．①书院－介绍－中国 Ⅳ．①G649.299

中国版本图书馆 CIP 数据核字（2016）第 282271 号

书　　院

著　　者： 邓洪波　兰　军
责任编辑： 王朝霞　胡　新
封面设计： 王国擎

出　　版： 長春出版社　　总编室电话：0431-88563443
地　　址： 吉林省长春市建设街 1377 号　　发行部电话：0431-88561180
邮　　编： 130061
网　　址： http://www.cccbs.net
制　　版： 长春出版社美术设计制作中心
印　　刷： 吉广控股有限公司

开　　本： 787 毫米 ×1092 毫米　1/16
字　　数： 150 千字
印　　张： 18.5
版　　次： 2016 年 12 月第 1 版
印　　次： 2016 年 12 月第 1 次印刷
定　　价： 58.00 元

总　序

一

由别具慧眼的长春出版社策划的本丛书，以蕴含中华文化元素的诸事象为描述对象，试图昭显中华文化的特质、流变和前行方向。

“元”意谓本源、本根，“素”意谓未被分割的基本质素，合为二字词“元素”，原为化学术语，本义是具有相同核电荷数（即相同质子数）的同一类原子的总称，如非金属元素氧（O）、金属元素铁（Fe），是组成具体自然物——氧化铁（Fe_2O_3）的基本质素。

作为化学术语的汉字词“元素”，由日本江户时代的兰学家宇田川榕庵（1798—1845）在所著《植学启原》（1834）和所译《舍密开宗》（1837）

中创制，是对荷兰语grondstof的意译。清末来华的美国长老派传教士丁韪良（1827—1916）在《格物入门》（1868）中创汉字词“原质”，意译同一西洋术语（英文为element）。清末民初，汉字词“元素”自日本传入中国，逐渐取代“原质”。1915年，中国科学社董事会会长任鸿隽（1886—1961）在《科学》杂志第一卷第二号上发表《化学元素命名说》，为中国较早使用“元素”一词的案例。[①]

在现代语用实践中，“元素”这一自然科学术语被广为借用，泛指构成事物的基元，这些基元及其组合方式决定事物的属性。“文化元素”指历史上形成并演化着的诸文化事象中蕴藏的富于特色、决定文化性质的构成要素。

本丛书论涉的“中华文化元素”，约指中华民族在千百年的历史进程中（包括在与外域文化的交融中）铸造的具有中国气派、中国风格、中国韵味的基本质素，诸如阴阳和谐、五行相生相克、家国天下情怀、民本思想、忧患意识、经验理性导引下的理论与技术、儒释道三教共弘的非排他性信仰系统、区别于拼音文字的形义文字及其汉字文化，等等。它们生长发育于中华民族生活方式、思维方式的运行之间，蕴藏于器物文化、制度文化、行为文化（风俗习惯）和观念文化的

①聂长顺，肖桂田：《近代化学术语元素之厘定》，《武汉大学学报》（人文科学版）2010年第6期。

纷繁具象之中，并为海内外华人所认同。

二

文化的各个不同级次、不同门类包含着各具个性的中华元素。如水墨画的书画同源、墨分五色，武术的技艺合一、刚柔相济、讲究武德，园林的天然雅趣和“可居可游可赏”追求，民间风俗文化涵泳的吉祥、灵动、热烈、圆满，建筑中使用“中国红”（体现生命张力）、中轴线、对称与不对称美感，等等。

汉字及汉字文化是中华元素的一个案例。

世界各种文字都是从象形文字进化而来，多数文字从象形走向拼音，而汉字则从象形走向表意与表音相结合的“意音文字”，近有学者将汉字归为“拼义文字”，即注重语义拼合的文字：首先创造多个视觉符号作为表达万象世界的基本概念，然后将这些符号组合起来，用小的意义单位拼合成大的意义单位，表达新事物、新概念。[①]

自成一格的汉字创发于中国，是世界上仅存的生命力盎然的古文字，它主要传播于东亚，成为东亚诸国间物质文化、制度文化和精神文化互动的语文载体。在古代，中国长期是朝鲜、

①张学新:《汉字拼义理论：心理学对汉字本质的新定性》,《华南师范大学学报》(社会科学版)2011年第4期。

日本等东亚国家的文化供给源地；至近代，日本以汉字译介西方文化，成效卓异，日制汉字词中国多有引入。汉字在汉字文化圈诸国所起的作用，相当于拉丁文在欧洲诸国所起的作用，故有学者将汉字称为“东亚的拉丁文”。汉字是中华文化系统中影响最为深远广大的文化符号。

20世纪初，日本学者内藤湖南（1866—1934）提出“中国文化圈”概念，指以中国为文化源及受中国文化影响的东亚地区，日本是“中国文化圈的一员”，他在《中国上古史》中说：“所谓的东洋史，就是中国文化发展的历史”，是以汉字为载体的中国文化在东亚地区传播的历史。①此论阐发了汉字这一中华元素在东亚文化圈的重要意义。

中国人在20世纪30年代即对日本学者提出的东洋文化史观做出回应，傅斯年（1896—1950）在1933年著《夷夏东西说》，概括东亚文化的特别成分：

> 汉字、儒教、教育制度、律令制、佛教、技术。②

这是中国学者对东亚文化圈的要素即“中华元素”做出的提取。

承袭内藤说，日本的中国史学家西嶋定生

①［日］内藤湖南：《中国上古史》，《内藤湖南全集》卷十，东京：筑摩书房，1997年。

②傅斯年：《夷夏东西说》，《中央研究院历史语言研究所集刊》外编第一种，1933年。

（1919—1988）在二战后所著《东亚世界与册封体制——6—8世纪的东亚》中指出，东亚世界存在一个以中国为册封中心，周边诸国（日本、朝鲜）为册封对象的“册封体制”，从而提出东亚地区的一种“文化圈”模型。西嶋定生在《东亚世界的形成》中概括汉字文化圈的诸要素（或称“中华元素”）：

一、汉字文化，二、儒教，三、律令制，四、佛教等四项。其中，汉字文化是中国创造的文字，但汉字不只使用于中国，也传到与其语言有别又还不知使用文字的邻近诸民族……而其他三项，即儒教、律令制、佛教，也都以汉字作为媒介，在这个世界里扩大起来。①

1985年，法国汉学家汪德迈在《新汉文化圈》一书中论述“汉文化圈”的特点：

它不同于印度教、伊斯兰教各国，内聚力来自宗教的力量；它又不同于拉丁语系或盎格鲁－撒克逊语系各国，由共同的母语派生出各国的民族语言，这一区域的共同文化根基源自萌生于中国而通用于四邻的汉字。②

①［日］西嶋定生：《东亚世界的形成》，参见刘俊文主编，高明士等译：《日本学者研究中国史论著选译》第二卷，中华书局1993年，第88页。
②［法］汪德迈：《新汉文化圈》，陈彦译，江西人民出版社1993年，第1页。

这里着重表述"中华元素"之一种——汉字的功能，汉字深刻影响东亚人的思维方式和表达方式，使汉字文化圈成为一个有着强劲生命活力的文化存在。

三

"中华元素"并非凝固不变、自我封闭的系统，它具有历史承袭性、稳定性，因而是经典的；具有随时推衍的变异性、革命性，因而又是时代的，2008 年北京奥运会开幕式表演突显四大发明，2010 年上海世博会中国馆采用中国红，皆为古老的中华元素的现代展现；中华元素是在世界视野观照下、在与外域元素（如英国元素、印度元素、日本元素、印第安元素）相比较中得以昭显的，故是民族的也是国际的，是中国的也是世界的。美国好莱坞动画片《功夫熊猫》《花木兰》演绎中华元素并获得成功，便是一个例证。

文化元素并非游离于文化事象之外的神秘存在，它们从来都与民族、民俗、民间的文化实践相共生，始终附丽并体现于器物、制度、风俗诸方面的具体文化事象和文化符号之中。中华元素之于文化事象，如魂之附体，影之随形，须臾不可分离。从诸文化事象（如江南园林、八大菜系、春节中秋等节庆、书画篆刻、昆曲京剧、武当少林功夫）的生动展现中提取中华元素的魂魄，昭显大众喜闻乐见的文化符号（如深蕴和谐精义的太极八卦图，代表四方、四季的“四灵”——青龙、白虎、朱雀、玄武，代表中央的麒麟）包蕴的精义，是本丛书的使命。

本丛书由阐发体现中华元素的若干文化事象（如园林、饮食、节庆、书画、宫殿、戏曲、服饰、汉字、武术、钱币、宗族、书院、姓名、茶等）的系列作品组成。

中华元素是构建当代中国文化及其核心价值体系的基本成分之一，是塑造国家形象、提升国民精神的重要资源。开掘并弘扬中华元素，有助于加深中国文化对国人的感召力、亲和力，增强历史敬畏感和时代使命感，提升民族自信心和文化传承创新的自觉性。

抉发中华元素还有一层意义：通过蕴藏中华元素的文化事象、文化符号，彰显可亲可敬的中国风格，奉献给异域受众，增进国际传播，推动中国文化“走出去”。

本丛书的选题及其撰写沿着“即器即道”的文化史路数，避免一味虚玄论道，也不停留于文化现象的就事论事，而追求道器结合——于形下之器透现形上之道，又让形上之道坐实于形下之器，使中华元素从文化事象娓娓道来的展示中得以昭显。

冯天瑜
2016 年 10 月
于武汉大学中国传统文化研究中心

前　言

书院充满书香，自生儒雅，是最有中国特色的文化元素。

书院是儒家的大本营，是读书人围绕着书，开展包括藏书、读书、教书、讲书、著书、校书、刻书等各种活动，进行文化积累、研究、创造与传播的文化教育组织。

书院产生于唐代，其起源有官、民两途。民间书院源出于读书人的书斋。与书斋不同的是，书院向社会开放，成为公众活动的场所，儒生、道士、和尚等皆可出入其间。从私密转向公众，这是书院与书斋的分野。官府的丽正、集贤书院，由朝廷整理图书典籍的机构脱胎而来，其主要职责是“刊辑古今之经籍，以辨明邦国之大典，而备顾问应对，凡天下图书之遗逸，贤才之隐滞，则承旨而征求焉”（《唐六典》），以学术文化事业为主。官府书院有着将千百年国家藏书、校书、修书及由此而辨彰学术的经验传输给新生的书院组织的桥梁作用。从此，书院同时拥有了民办和官办的传统，在官民两大力量体系的交相影响之下，开始了其千年发展历程。

大唐五代，见诸文献记载的书院只有70余所，在中国书院发展史上，还只能算作起始阶段，但后世书院几乎所有的活动都能在这里找到源头。

两宋时代，那些从门阀制度下解放出来的读书人，挟开拓万古心胸之豪气，凭借经济发展带来的社会繁荣，依靠印刷技术进步带来的丰富藏书，纵贯古今，横论百家，将我国古代的学术文化事业推进到一个空前发达的黄金时期。其间，书院受到大家重视，先后创建有500余所，可谓多矣。北宋以“天下四大书院”为代表，强化的是教育教学功能，书院作为学校的一种，得到社会的认同；张栻、朱熹、吕祖谦、陆九渊在“南宋四大书院”的讲学，带来了学术的繁荣昌盛，使学术与书院的一体化得以完成；朱熹的《白鹿洞书院揭示》通行天下，更有典范作用。从此，书院与教育、学术结合，形成魅力无限的文化人格特征，影响着中国一代又一代的读书人。

元代虽然为金戈铁马的蒙古贵族统治时期，但对儒家文化有着应有的尊重，与理学一体化的书院，被等视为官学，受到重视，蒙古人与色目人也加入到书院建设者的行列，书院总数达到400所以上，史有“书院之设，莫盛于元”的记录。元代书院的最大贡献是，弥补辽金时代的缺憾，将书院和理学一起推广到北方地区，缩短了新形势下形成的南北文化差距。

明代前期，书院有过近百年的沉寂，但在和王湛之学重新结合以后，带着冲决长久压抑的力量，得到了突飞猛进的发展，数量增加，总数近2000所，其中新创建的就有1700余所，标志着其发展进入了成熟的推广阶段。乘学术辉煌之势的读书人，不仅涉足地方文化建设，在民间规范百姓、移风易俗，使书院具有了平民化特色，而且以同志相尚，品评人物，讽议朝政，使书院又具有了社团化的倾向。当然，书院输出到朝鲜半岛，更是这个时期的亮点。

普及和流变是清代书院的最大特点。由于官民两种力量的共同努力，书院进入前所未有的繁荣时期，新建书院4961所，修复前朝旧有书院875所，总数达到5836所，基本普及城乡。从雍正年间省会书院的建立开始，省、府、州、县各级官办书院成为全国各地大小不等的学术教育中心。民间则主要致力于乡村、家族书院的建设，承担着普及文化知识的基础教育任务。道光以降，面对随大炮战舰冲入国门的西方文化，书院努力应对，在内容和形式经过改造后，将西学、新学引入其中，终于形成了新式书院，其间新出现的教会书院、华侨书院，以交融中西、联系中外而受到特别的注意。光绪二十七年（1901），光绪皇帝的一纸诏令，将全国书院改制为大、中、小三级学堂，更使它由古代迈向近现代，得以贯通中国文化教育的血脉。

在千余年的发展历程中，出现了各种类型的书院。按功能分，有读书、著书、藏书、考课、寓所、明道讲学、士友会讲、士人市肆、奉祀先贤等书院，最主要的还是教学授受的书院。按教学内容分，有肄武、正音、译学、开设医学教育并有门诊业务的书院，最主要的还是从事儒家文化知识教学的书院。按程度来分，有高、中、低等级的不同，有大学、小学的区别。按建设者来分，有民间的家族书院、乡村书院、教会书院，官方的县、州、厅、府、道、省各级地方书院，以及皇族书院。按生源来分，有少数民族书院、侨民书院、华侨书院，有童生书院、生员书院、生童共处的书院、举人的书院……凡此种种，举不胜举，充分显示出书院能够满足不同地区不同人群的不同文化教育需求的特点。

因为教学程度和学术研究水平的高低不同，书院形成了一种等级上的差异。就整体而言，最底层的是私立的家族书院和民办的乡村书院，中间层是县立书院，高层则是州、府、道、省各级书院。底层书院数量大、分布广，起着普及文化知识和将儒家学术思想社会化，从而形成符合儒家理念的民间价值信仰的作用，它扎根乡村社会，是中国书院等级之塔的底座。中间层县级书院，既拔乎家族、乡村书院之上，又是官立书院中最低的一等，一身二任，承担传播文化知识和将儒家理念政治化，从而以朝廷意志影响民间价值信仰的任务，是书院等级之塔的塔身。高层的各级书院一方面分担指导学术理念政治化的官方责任，另一方面也兼有研究学术、更新创造儒家精神、养育学派之责，可以视作高居于书院之塔的宝顶部分。应该特别指出的是，历朝历代那些学术大师主持或创建的书院，无论是官立还是民办，皆得视作当然的宝顶部分。中国书院的等级之塔，实际上已经构成了一个完整的书院教育体系。

书院既是教育活动的中心，又是学术研究与创新的胜地。南宋时，书院与学术结下不解之缘。当时几乎所有有名望的学者都创办或主持书院，潜心著述，讲学论辩，传播思想，形成了一个“百家争鸣”式的学术繁荣局面。书院与学术互为表里，互为倚势，隐显同时，盛衰共命，形成一体化结构的态势。大书院作为学术中心，成为各学派的基地。从此，历代学者多以书院为基地，传道讲学，建立学派，培养传人，中国学术文化的建构、学术派别的产生、学术成果的形成、学术思想的传播等等，差不多就成为书院的内部事务。于是，在自由讲学的旗帜下，我们可以看到程朱理学与书院在元代的北移，书院在明代成为心学思潮的大本营，宋学、汉学、新学、西学等更替成为清代书院讲坛的主流声音。这是一幅书院与学术流变的历史画卷。

如此画卷，既儒雅馨香，又波澜壮阔，它是一条流淌着中华文化元素的千年长河。

目　　录

第一章　唐五代书院　001

第一节　唐代民间书院……………………………003

第二节　官办丽正、集贤书院……………………010

第三节　五代十国时期书院………………………019

第二章　北宋书院　025

第一节　北宋前期书院……………………………027

第二节　北宋后期书院……………………………032

第三节　北宋“天下四大书院”…………………042

第三章　南宋书院　055

第一节　南宋理学家与书院………………………057

第二节　南宋书院制度的确立……………………066

第三节　“南宋四大书院”的贡献………………080

第四章　元代书院　089

第一节　元代的书院政策…………………………091

第二节　元代书院的推广与官学化………………100

目　　录

第三节　西湖书院……………………………109

第五章　明代书院　117

第一节　明代前期书院的生存状态…………119

第二节　明代书院的再兴……………………127

第三节　明代书院向平民的开放……………137

第四节　明代科举与书院讲会………………145

第五节　明末书院挫折中的进取……………155

第六章　清代书院　163

第一节　清初的书院政策……………………165

第二节　清代书院的普及发展………………174

第三节　省会书院……………………………183

第四节　清代书院与学术的共鸣……………192

第五节　书院的改革与改制…………………203

第七章　走向世界的书院　217

第一节　走向“东国”朝鲜……………………219

目　　录

第二节　走向东洋、西洋与南洋……………227
第三节　教会书院……………………………239
结　语　246
附　录　264
参考文献　266
后　记　269

第一章　唐五代书院

书院源出于唐代私人治学的书斋和官府整理典籍的衙门，是中国古代士人围绕着书，开展包括藏书、读书、教书、讲书、著书、校书、刻书等各种活动，进行文化积累、研究、创造与传播的文化教育组织。本章将分民间和官府两途，来阐述唐五代时期书院的两大起源，展现尚处在初始阶段的书院形态。

第一节　唐代民间书院

一　源自书斋的唐初民间书院

学界传统观点认为，唐玄宗时代建于朝廷的丽正、集贤书院是最早使用“书院”名称的机构。其实不然，唐玄宗时代的文献就可以证明，还在丽正、集贤书院之前，民间已有书院存在，最明显的例证就是今日湖南攸县的光石山书院。唐玄宗天宝十四年（755）冬十月，潭州刺史苏师道赴属邑攸县司空山祈雨抗旱。苏师道在其《司空山记》中记述道：“司空宅在山之西，去观一十里，今殿宇有像，坛井基图，宛然在焉。宅左有光石山书院，故基尚存。”[①]玄宗时代的人既称“故基”，其存在早于玄宗时代，即早于朝廷的丽正、集贤书院是没有问题的，也就是说在开元六年（718）朝省的书院还没有出现以前，民间就已有书院存在了。

①《全唐文》卷三七一，北京：中华书局，1983年，第3768页。

如果方志的记载没有错误的话，我们可以说，书院产生于唐代初年，最初它只是士人的读书治学之所。检阅地方志材料，我们发现除攸县光石山书院外，在唐玄宗以前还有瀛洲书院、李公书院和张说书院的存在。瀛洲书院在蓝田县治南，唐学士李元通建。嘉庆《清一统志》卷二三三及光绪《蓝田县志》卷十四记载，李元通，蓝田县人，在隋为鹰扬郎将，归唐后高祖拜为定州总管。与刘黑闼作战，兵败被俘，严拒招降，乃溃肠死节。刘黑闼是隋末农民军首领，唐武德四年（621）称汉东王，兴兵反唐，两年后兵败被杀。据此可知，瀛洲书院的创建时间在唐高祖武德六年（623）之前。据嘉靖《青州府志》卷九记载："李公书院在临朐县西南，唐李靖读书处。"贞观二十三年（649），李靖【图1–1】卒于家，谥号景武。书院为李公读书或研治兵书战法之所，其创建时间不会晚于贞观二十三年。张说书院，又名张相公堂，在永乐县花阳山中。宋人滕中《张说相公堂记》称张说，"未遇时，至满城花阳山，因见风景异常，花木蓊郁，筑室于此，以为读书之处。后人修葺完好，更名相公堂"。书院既然是张说未遇时建为藏修读书之所，其创建时间应在永昌元年(689)以前。

以上唐代最早的四所书院中，有三所是士人的读书治学之所，这说明书院与书、读书人

图 1–1 李靖

有着密不可分的联系。四所书院中又有两所书院与战争、军事有关，反映出隋末唐初战乱连年，读书人投笔从戎，以另一种形式报效国家，是其社会责任感的时代表现。因此，初始书院与军武相联，既是特定时代的社会现象，也是士人“习学文武”的本原反映。

二　多姿多彩的大唐民间书院

民间书院在唐代出现不久，就将其服务范围从个人扩展至众人，担负起向社会传播文化知识的责任，开始了传道授业的教学活动，其典型的例证是漳州龙溪松洲书院。

据乾隆《龙溪县志》载，松洲书院在漳州龙溪县二十四都，唐陈珦与士民讲学处。陈珦，字朝佩，漳州首任刺史陈元光之子。武则天万岁通天元年（696）举明经及第，授翰林承旨直学士。后上疏乞归养，使主漳州文学，龙溪县令席宏聘其主乡校，乃辟书院于松洲，与士民论说典礼。唐睿宗景云年间（710—712），陈元光战死。陈珦守丧之后，于唐玄宗先天元年（712）接替父职任漳州刺史十余年。开元二十五年（737）致仕，复寻松洲别业，聚徒教授，一直到天宝元年（742）逝世时止。席宏当龙溪县令的时间是唐中宗景龙年间（707—710），因此，松洲书院的创建当在景龙年间，早于东西二京的丽正、集贤书院十余年。松洲书院的创办目的在于移风易俗，教化乡里，因而其教学形式多样，既有针对“士民”的社会教育，又有“聚徒”授业的专门教学；教学内容则为儒家经典礼仪；教授方法是“论说”“开引”，重于启发，取得了“于风教多所裨益”的良好教学效果。

松洲书院作为我国历史上第一所教学功能比较齐全的书院，以士民和生徒为自己的服务对象，成功地完成了从个人所有到面向公众的过渡，在书院发展史上具有里程碑式的典型意义。从此以后，书院作为众多士人的文化教育组织，必然拥有更为广阔的生存发展空间。

到唐玄宗时代，当书院在民间出现、发展近一个世纪以后，中央官府也开始注意到这种新生的文化组织，于开元年间在长安和东都洛阳创建起丽正、集贤书院。经唐玄宗提倡，书院名声大振，所谓“上有所好，下必行焉”，受传统习惯的强力驱使，书院这一得到官府承认的新生文化组织遂为更多的士人所接受，他们根据各自的文化素质、需要及当时当地的条件，不断赋予书院以新的文化内涵，使这一机构开始不断出现于民间，并呈现出其多姿多彩的文化功能。

唐代民间书院最可靠也最生动具体的记录，见于当年文人骚客的诗作之中。民间书院借唐诗而存留至今的尚有 13 所之多。为了更清楚明了地反映各书院的情况，谨列表如下：

表 1-1 唐诗中的书院情况统计表

名　称	创建或存在时间	创建人	特　色
樊铸书院	742—755	樊铸	读书备考之地
李泌书院	742—762	李泌	风景优美、把酒题诗，与道家关系密切
赵氏昆季书院	766—779	赵氏昆季	有会文、品诗的学术活动
第四郎书院（薛载少府书院）	766—779	第四郎或薛载	有教学活动，有西园会
宇文裘读书院	769—804	宇文裘	与寺院关系密切，有研究著述活动
杜中丞书院	766—835	杜中丞	改善环境，与寺院关系密切
田将军书院	785—804	田将军	改善环境
费君书院	785—804	费君	风景优美
李宽中秀才书院	806—820	李宽中	风景美，与道家关系密切
南溪书院	827—835		风景似桃源
李群玉书院	860—873 或以前	李群玉	改善环境
子侄书院	860—873	曹唐子侄	改善环境
沈彬进士书院	唐末	沈彬	定期讲会，交流学术，讨论政治

唐代诗歌，可以视为信史。据此，我们对唐诗所记书院的情况可概述如下：

第一，上述书院几乎都是士大夫的私人读书之所，与一般的书斋性质相同。但它同时向社会开放，接纳文人、墨客、道士、僧侣，他们齐集其中游宴、就学、讲会、品诗、论文、研究著述、讨论时局，具有书斋所不可能有的广泛的社会性，成为公众文化活动的场所。从私家专有走向服务公众，是书院脱离书斋的关键一步，由此中国社会就产生了一种崭新而重要的文化机构，其后千余年，它一直承担着改造、更新、传递华夏文化理论的重担。

第二，作为一种文化机构，唐代书院的活动内容包括藏书读书、游宴会友、吟诗作文、学术交流、教学授受、讨论政治、研究著述等，后世书院几乎所有的活动都能在这里找到源头。

第三，书院是儒者之区，但不避佛道。山寺、道观、书院连阁共泉，交相错处；僧侣、道人、儒生齐集一起，“话篇章”“攻文字”，乃至对国家的前途命运“寒宵未卧共思量”——儒释道三者的相互沟通和影响，正是书院产生的思想文化背景。

第四，书院大多数建在形胜之地，幽静、秀美、宜人，“风景似桃源”。即便择址欠佳，也必想法补救，栽花、植木、移竹、运湖石，改善环境，“顿令院落似秋天”。这些说明，当时书院的建设者们已经体认自然对人的陶冶之力，特别注重人与周围环境的协调。这里既有丛林精舍、宫观的影响，更有“天人合一”的儒家追求。

第二节 官办丽正、集贤书院

当民间社会循着“聚书→读书→聚众读书”的路径，衍生出书院这一前所未有的士人组织之后，官府也于唐代中期，依沿汉魏以来的传统，因袭“聚藏群书”“校理经籍”的秘书省之责，在中书省推出了丽正、集贤书院这种全新的官方学术文化机构。

一 丽正、集贤书院的设立

在唐代，中国进入了一个空前繁荣强大的时期，文化发达，书籍增多，国家设有秘书省，主管图书、著作二事。唐玄宗时期为了满足社会日益增长的文化需要，官府进一步加大了对图书收藏、整理、校勘的工作。正是在这种大背景下，中书省在开元年间新创集贤殿书院，加入到了“刊辑古今经籍”的事业中。

集贤殿书院又称集贤院、集贤书院，它的前

身是丽正书院（又称丽正殿修书院、丽正修书院）【图 1–2】。丽正书院之设缘起于朝廷一次大规模的修书行动。开元五年（717），唐玄宗采纳大臣们整理内府藏书的建议，命昭文馆学士马怀素为修图书使，与崇文馆学士褚无量一起于东都乾元殿“整比”四部之书。开元六年（718）冬，玄宗西还京师长安，迁书于东宫丽正殿，置修书院于著作院，于是乾元院更名丽正修书院，设置院使及检校官，改修书官为丽正殿直学士。至此，丽正书院宣告正式成立。

除了太子东宫的这所丽正书院之外，朝廷于开元年间在东都洛阳与京师长安又分置了两所丽正书院。京师丽正书院在大明宫光顺门外，本为命妇院之地。院内东西长五十八步，南北长六十九步，规模较大，院中还设有仰观台，是一行大师为编制《大衍历》而测量天体星辰的地方。

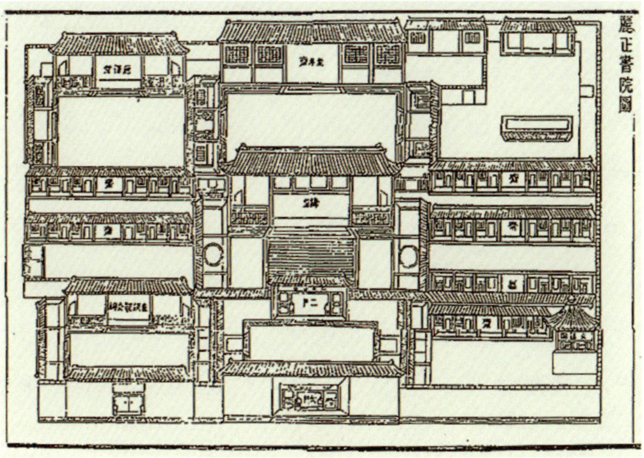

图 1–2 丽正书院图

东都丽正书院在明福门外大街之西，与武成宫相对，原本是太平公主的宅院，东西长四十一步，南北长五十八步，西向开门，开元十年（722）三月始移书院于此[1]。由此可知，当年有三所同名异址的丽正书院在进行着同样的工作。

开元十三年（725），唐玄宗召集“都知丽正殿修书事”张说等大臣商讨封禅之事，赐宴于集仙殿，谈得高兴，称“与卿等贤才同宴于此，宜改集仙殿曰集贤殿，改丽正书院为集贤院”[2]。于是，丽正书院遂改名集贤书院。集天下贤才，以济治于当世，这是唐玄宗为书院改名的本意所在。皇帝既有改名之诏，上述东宫、京师、东都三所丽正书院也就随之改称集贤书院。从此，“丽正”之声不闻，“集贤”之名大倡。

开元之世，君圣臣贤，朝廷对文化事业都很重视，三所官府书院大概满足不了需要，于是又有第四、第五所集贤书院的创设。第四所集贤书院在兴庆宫，又叫兴庆宫集贤院，开元二十四年（736），皇帝御驾东都，西返之前，集贤院学士张九龄派遣直官魏光禄先入京师建造，在和丰（一名和风）门横街之南，与中书省相邻，院落不大，东西长只二十三步，南北长三十步。第五所集贤书院在华清宫北横街之西羽林仗院，又叫华清宫集贤院，开元二十八年（740）建造，院内东西长四十八步，南北长五十步。

①东都丽正书院的设置，《唐六典》作开元十年于命妇院安置，《新唐书》作十二年置，兹并存焉。
②[宋]王应麟：《玉海》卷一六七《天下四书院》，清康熙二十六年刻本，第5页a。

上述情况表明，从开元六年到二十八年间（718—740），唐代中央政权用22年的时间，由丽正而集贤，从京师到东都，完成了创置“书院”这一全新机构的工作。

作为官府的丽正、集贤书院，其组织比较严密。据《唐六典》《唐会要》等文献记载，院中先后至少设有院使、检校官、学士、直学士、知院事、副知院事、判院事、押院中使等39种职事，名目可谓繁多。每种职事既责任分明，各司其事，又相互配合，共同协作，维持书院的正常运作。

学士是集贤书院的核心。依官阶的高低，它有学士、直学士之分；按职掌的不同，它又有侍讲学士、侍读学士、修书学士之别。学士中选宰相、常侍各一人分任知院事、副知院事，以为院中正副长官，又设判院事一人，协助正副长官管理院务。学士之下，有两个分工比较明显的系统：一个负责“修撰文章”，以修撰官为首；一个主持“校理经籍”，由校理官掌管。集贤书院平日“宫禁”森严，皇帝御驾，宦官守院，高官出入，一般人难得近前，此乃十足的天子“礼乐之司”，地道的官衙威严之气。

二　丽正、集贤书院的主要职能

丽正、集贤书院虽为官府所设，但它毕竟不同于治世牧民的衙门，刊辑古今经籍的任务，顾问应对的性质，都使它远离赋税兵农的实际政务，而致力于文化学术事业的追求。综约而论，其活动大致可以概括为出书、藏书、讲学、赋诗、顾问五个方面。

第一，征求天下图书之遗逸，刊辑古今之经籍，是书院的首要任务。搜访天下遗书，并将其校正刊辑，是院中最主要的日常工作。这从职事所设以书直、写御书人、拓书手、画直、装书直、造笔直等员额百数十人，占院中人员的绝大多数中可以得到反映。老臣褚无量七十五岁逝世，“以丽正写书未毕为恨，上为举哀，废朝两日”（《旧唐书》卷一〇二《褚无量传》），这一充满感情色彩的记录，更昭示出刊辑经籍在君臣心目中的重要地位。据《新唐书》《唐会要》相关记载推算，集贤书院每年出书用纸约为 11700 余张或 60000 番不等，耗费墨 1344 丸，笔材 20400 张兔皮。到天宝十四年（755），即书院创设 38 年之际，累计出书已达 71405 卷。集贤书院逐渐成为唐代中期以降官府最主要的生产图书的部门，奠定了其作为国家“出版中心”的地位。

第二，收藏典籍，对所藏图书进行整理编录，是集贤书院中与出书同等重要的事业。院中图书包括旧底本和新写本两部分，总约在数万卷以上，必须使其处于有序状态，才能有效地展开工作。因此，院中平时设有知书官等职，按甲乙丙丁区别经史子集四库之书。各库之书，“轴带帙签皆异色以别之”（《新唐书》卷五七《艺文志一》），以便于检讨查取。具体做法是，“经库书钿白牙轴、黄带、红牙签，史库书钿青牙轴、缥带、绿牙签，子库书彤紫檀轴、紫带、碧牙签，集库书绿牙轴、朱带、白牙签”[①]。这种“异色以别”四库之书的方法，千余年后的清代乾隆年间仍运用于纂修《四库全书》这种巨大的文化工程中，可见其影响之久远。书院的藏书数量，丽正书院时期的开元九年（721）冬统计为81990卷，其中经库13753卷，史库26820卷，子库21548卷，集库19869卷，若加集贤书院天宝三年（744）六月四库更造时“见在库书籍”54574卷，及天宝三至十四年（744—755）“续写本”16832卷，计有153396卷。这15万余卷之数，比之隋代嘉则殿的37万卷，虽称不得多，但比之唐初武德年间府库所藏总为8万卷之数，又可谓不少。集贤书院作为“国家藏书中心”的地位，此时得以确立。

第三，讲学论道，倡导学术。丽正、集贤书院的讲学活动，可以分为三个层次。第一层次是皇帝的“躬自讲论”。即皇帝在书院与学士们讲论儒道。第二层次是学士为皇帝讲论文史而备顾问。第三层次的讲学是学士对书院内写御书手、书直等人进行的教学活动。以上三个层次的讲学活动中，前两者具有较浓的学术色彩，意在提

①陈仲夫点校：《唐六典》卷九《集贤殿书院》，北京：中华书局，1992年，第280页。

倡“崇儒向道”的社会风尚。至于第三个层次中显示的教学授受倾向，则反映出即使作为官府的书院，也掩盖不了它所拥有的适应并满足较低层次士人追求文化知识的教育功能。唐代书院的教育功能在其官、民两大源头中都有清楚的呈现。

第四，宴饮诗酒，撰集文章。宴饮诗酒是一种盛唐的文人风雅，撰集文章则是学士们应尽的分内之责。集贤书院既集天下贤能文学之士，其常常把酒载歌，宴饮诗赋也就是顺理成章的事。如开元十一年（723）新建大明宫光顺门外的丽正书院落成，学士“燕（宴）饮为乐，前后赋诗奏上，凡数百首，上每嘉赏”[①]。十三年改丽正书院为集贤书院，“群臣赋诗，上制诗序”，其时“樱桃新熟，遍赐坐上，饮以酴醾清酤之酒，帘内出彩笺，令群臣赋诗焉”[②]。这是一幅极好的君臣诗酒融乐画卷。这种载酒载歌的场景屡见于诗赋，并且出有《集贤院壁记诗》二卷这样的诗集。唐玄宗的《春晚宴两相及礼官丽正殿学士探得风字》《集贤书院成送张说上集贤学士赐宴得珍字》，张说的《恩制赐食于丽正书院宴赋得林字》《赴集贤院学士上赐宴应制得辉字》等都流传至今，兹引张说第二首诗如下，以见当年概况：

侍帝金华讲，千龄道固稀。

①［宋］王应麟：《玉海》卷一六七《天下四书院》，清康熙二十六年刻本，第7页b。

②［宋］王应麟：《玉海》卷一六七《天下四书院》，清康熙二十六年刻本，第5页b。

位（一作任）将贤士设，书共学徒归。
首命深燕隗，通经浅汉韦。
列筵荣赐食，送客愧儒衣。
贺燕窥檐下，迁莺入殿飞。
欲知朝野庆，文教日光辉。

第五，招贤论典，顾问应对。集贤书院招揽隐滞贤才的事迹，在《新唐书》卷二〇四张果、姜抚两人的传记中有记载。张果是著名方士，武则天时，隐居中条山，往来于山西汾阳、临汾之间。自称已数百岁，著有《阴符经玄解》一书。时人盛传其有长生不老之术，武则天遣使征召，以诈死拒征。唐玄宗时，人举其仙异之能，召至东都洛阳集贤书院，令其居住院中，封银青光禄大夫，号通玄先生，并下诏为其画像存真。后张果坚请回归北岳恒山，不知所终。张果的仙逸贤能，宋元之世终于演绎成神，列为“八仙”之首，流传至今而不衰。至于辨明邦国大典，而备皇帝顾问应对，见《旧唐书》卷一四九、《新唐书》卷一三二之《蒋乂传》。贞元十八年（802），唐德宗问及禁卫部队神策军设置之由，“相府讨求，不知所出”，乃召已升为集贤学士的蒋乂应对。蒋乂称玄宗天宝十三年（754）始设神策军，次年安史之乱爆发，神策军镇守陕西。广德元年（763）代宗避难入陕，宦臣鱼朝恩率在陕之兵马与神策军一同护驾，由此神策军入屯禁中。代宗永泰元年（765），其势力坐大，分左右厢，成为天子禁军。大历年间，又领京兆、凤翔两府诸军，势力扩张，到德宗贞元初年形成宦官执掌之制，其权凌驾于诸禁军之上。蒋乂介绍情况，“征引根源，事皆详悉”，宰相郑珣瑜极称“集贤有人矣”，翌日即升蒋乂为判集贤院事。此即书院辨明国家军政大典而备皇帝顾问的明证。集贤书院应对天子而不做决策，正可显示它作为学术机关而有别于行政部门的独特之处。

第三节 五代十国时期书院

公元 907 年，唐朝权臣朱温废唐哀帝而自立梁政权，史称后梁。新政权的建立，不但没有结束数十年的战乱兵荒，反而开启了新一轮长达半个多世纪的分裂割据，北方后梁、后唐、后晋、后汉、后周五个政权走马更替，南方吴、南唐、吴越、楚、闽、南汉、前蜀、后蜀、荆南（南平）、北汉十个小王国先后存在，连年征战，中国社会进入一个更加痛苦黑暗的五代十国时期。然而，离乱中的士人并没有泯没沉沦，他们或读书林下以养性潜修，或结庐山中以藏书聚徒，或出仕经世以维礼义风俗于干戈之中，承担起了救斯文于不坠的社会责任。在所有的行动中，新生于唐代的书院因为得到了士人的特别关爱，而成为一个耀眼的闪光点，如钱穆先生在《五代时之书院》所称，它是黑暗中的一线光明，潜德幽光，必大兴于后世。

五代十国时期的书院，继承唐制，仍然循着官府和民间两条路径发展。多数政权的中枢机构依然立有集贤（书）院，设有学士诸职，掌管刊印古今经籍，辨明邦国大典，以备顾问应对的功能因沿不变。惟政权更替频繁，战争残酷，恐已无力真正开展实质工作。

与官府书院不同，这个时期民间书院发展的情况清楚明了，据文献资料统计，五代十国半个多世纪（907—960），民间书院共有13所，其中新建12所，兴复唐代书院1所。兹择要介绍如下：

窦氏书院，在今北京昌平。后周谏议大夫窦禹钧建，有房屋四十间，聚书数千卷。书院藏书丰富，经费充足，礼延师儒，窦氏子弟及远近志学之士皆得研习、肄业其中，是一所藏书、讲学规制完备的书院。四方孤寒因以获益，窦家五子得以博闻，在利人利己之中，书院也显示出其骄人的成就。窦氏书院五进士，彪炳史册，在宋代被作为典范收入《三字经》中，“窦燕山，有义方，教五子，名俱扬”，传诵已越千年。

太乙书院【图1–3】，在河南登封太室山麓，后周世宗显德二年（955）创建。其地处中岳嵩山，阴阳风雨会为钟灵毓秀，风景极佳，自汉代以来，天子车辙马迹不绝于途，老子神坛仙气飘漫其间，人文景观繁多。后唐清泰元年（934）起，

图 1-3 太乙书院

进士庞士曾在此聚徒讲学三年之久。其后，避乱之士聚处山中，至后周时，在其中创建书院，以为修身养性之所。到宋代，道观改名崇福宫，书院则先后改名为太室、嵩阳，盛极一时，终于名列“天下四大书院”之中，成为书院发展史上的典范。宋代的辉煌，则源导于后周的肇创。

匡山书院，在吉州泰和县东匡山下，后唐长兴年间，罗韬建以讲学之所。匡山书院的创建，受到了当时朝廷的高度赞扬，后唐明宗皇帝李嗣源为其颁赐院额，并发布敕书，大加表彰，其称：

> 朕惟三代盛时，教化每由于学校；六经散后斯文尤托于士儒。故凡闾巷之书声实振国家之治体。前端明殿学士罗韬积学渊源，莅官清谨，纳诲防几之鉴，允协朕心，赏廉革蠹之箴，顾存扆席。寻因养病遵尔还乡，后学云从，馆起匡山之下；民风日益，俗成东鲁之区，朕既喜闻，可无嘉励。兹敕翰林学士赵凤大书“匡山书院”四字为扁（匾）额。俾从游之士乐有瞻依，而风教之裨未必无小补焉！[①]

这是中国历史上第一个由皇帝发布的表彰书院的文告。这种表彰，意义非同小可，它标志着中央政府对民间书院的正式承认，书院从此具有了合法性。政府对书院的认同，在于它有托斯文、裨风教，即能“振国家之治体”的学校功能，它表明自唐代龙溪松洲书院开始的教学活动经过二百余年的发展，已经得到了政府的肯定。

①转引自李才栋《江西古代书院研究》，南昌：江西教育出版社，1993年，第31—32页。

除此之外，南唐还兴复唐代旧院，作为传承文化的机构，至今尚可考述的有江西德安东佳书院。东佳书院又名东佳书堂、义门书院，为唐代江州陈氏所建，五代吴国时，五世同居，实力雄厚，仍然聚书讲学，“江南名士皆肄业于其家”[①]。到南唐书院还是弦歌不绝，成为江右士人心向往之的著名学府。书院有“书楼堂庑数十间，聚书数千卷，田二十顷，以为游学之资”[②]。唐代龙纪（889）以降，陈氏子孙多有成就，“四方游学者，自是宦成而名立，盖有之”[③]。

综上所述，书院产生于唐代，它源于私人治学的书斋与官府整理典籍的衙门，即书院有官府与民间两大源头。官民两个源头的汇合，加之社会上随书籍增加而大量出现读书人群体这一先决条件，使中国社会发展到大唐遂产生了一种崭新的拥有较多书籍的文化教育组织，这一组织的公众性与社会性决定了它的规模比私人书斋要大，得由垣墙围绕一些房舍组成，诚如宋人王应麟在《玉海》卷一六七中所言，“院者，取名于周垣也”[④]。历来讲究名实相符的中国士人，就将这种全新的组织称之为书院。“书”表现的是特色，“院”显示的是规模。

唐五代时期，见诸文献记载的书院除去重复只有72所。因此，在中国书院的发展史上，这一段漫长的时期，还只能算作书院的起始阶段。尽管如

①［宋］文莹：《湘山野录·续录·玉壶清话》，北京：中华书局，1984年，第16页。
②《全唐文》卷八八八，北京：中华书局，1983年，第9279页。
③《全唐文》卷八八八，北京：中华书局，1983年，第9280页。
④［宋］王应麟：《玉海》卷一六七《天下四书院》，清康熙二十六年刻本，第1页a。

图 1-4 勘书图（局部）

此，书院带着官民两种传统，并在两者的关爱和影响下，已然发育成长起来，具有了其作为文化教育机构的初期形态。后世书院几乎所有的活动都能在这里找到源头。读书人在其中藏书读书，校勘典籍【图 1-4】，问学讲书，游宴会友，吟诗作文，交流学术，教学授受，讨论政治，关心时局，探究经史，研究著述等，承担起改造、更新、传递华夏文明的重任。与书院发展的初级阶段相适应，这个时期书院的功能呈现多样性和不确定性，变化、发展成为生存状态的主要特征。个人读书治学成为这一时期民间书院的主流，教学、讲学仅次于读书治学，是民间书院另一大主要功能，而藏书、祭祀也是当年读书人所关注的重点之一。

第二章　北宋书院

北宋共历经九帝 168 年（960—1127），是期书院总数在 73 所以上，略微超过唐五代十国时期书院的总和，而实际存在的书院当在百所左右。增速的加快，标志着中国书院历史已经进入一个初步而重要的发展时期。北宋近百所书院遍布于全国 14 个省区，总体而言北方各地书院数要明显少于南方，这是由于江南自唐代以来即逐渐得到开发而成为全国的经济重心，经济的发展为书院提供了可靠的物质保证，南北各省又以赣、浙、豫三地书院最多，形成三个中心。北宋以"天下四大书院"为代表，强化了教育教学功能，书院作为学校的一种，得到了社会的认同；从此，书院与教育、学术结合，形成魅力无限的文化人格特征，影响着中国一代又一代的读书人。

第一节　北宋前期书院

北宋书院在时间上经历了两个大的发展阶段。第一阶段，自宋太祖建隆元年至宋仁宗庆历三年（960—1043），凡84年，兴复创建书院21所，占北宋57所能考定创建兴复年代书院的36.84%。与第二阶段相比，这一时期书院在数量上没有优势，但凭着朝廷和地方官府的努力，书院营造出了显赫声势，以后世所谓“四大书院”之名称闻天下，获得了社会的广泛认同。除了声名显赫之外，这个时期书院的最大特色就是强化教育教学功能，替代官学为国家培养人才。

一　书院替代官学的角色

宋初，久乱初平，长期被战祸压抑的民间教育诉求井喷，而这时的政府却无力兴复唐代旧有的官学系统。于是，历史赋予书院以替代官学的角色，而官府和民间都把握了难得的历史机遇，在满足教育需求的努力中，强化着书院的教学功能，并使其以学校的名义获得了盛名。

公元 960 年，赵匡胤陈桥兵变，建立起赵宋政权。为了巩固时时受到威胁的政权，统治者无心于文教，而连年用兵又耗费了有限的财力，统治者更无力于文教。因此，宋初 80 余年间，官学几乎没有任何新的发展，中央只勉强维持国子监与太学，唐代建立的州县乡党之学等一整套地方学校教育制度始终没有恢复，而处于一种基本瘫痪状态。

中央官学的不振，地方文化教育的瘫痪，极不适应海内承平、文风日起的社会形势，对于政府来讲，无处养士，也不利于政权的维系与建设。面对这种形势，有责任感的中国士人又首先起来自觉地分担起培养人才、发展教育的职责。他们沿袭前代的做法，聚书山林，建院讲学。正是在这种背景之下，书院渐渐兴盛于民间。民间兴学的同时，北宋政府也采取了因势利导的文教政策：一方面大力提倡科举，成倍成十倍地增加取士名额，试图收尽天下遗逸；另一方面又大力支持渐兴的书院。太宗太平兴国二年（977）至仁宗宝元元年（1038），60 余年的时间内，朝廷通过连续不断地赐田、赐额、赐书、召见山长、封官嘉奖等一系列措施对书院加以褒扬。在一次次赏赐褒奖之后，书院不仅获得书、田、院额，还在办学条件上得到实质性改善，其声名影响等无形资产更是无法估量。此正所谓“书院之称闻于天下”，新生于唐代的书院，至此完全夺得天下君臣官民之心，以声名显赫之势，获得了社会的广泛认同。

宋初书院数量虽然不是很多，但经宋太宗、真宗、仁宗，甚至神宗皇帝的赐赏嘉奖，经朝廷大臣和地方官员共同推广表彰，遂得“声闻于天，风化于下”，成就了宋初的辉煌。

然而，宋初对书院的提倡，是政府在短期内无力恢复造就治世之才的官学系统而采取的一种权变措施，可以说是迫不得已。这和唐玄宗的“广学开书院”有着极大的区别，唐代是锦上添花，宋初则是非此莫求。因此，一旦政府有能力兴学，它就会回到传统的养士“正途”即官学系统，而舍弃对书院的支持。这就决定了书院在宋初只是暂时充当替代官学的角色。

二　书院教育功能的凸显

替代官学的角色，不仅使书院在宋初声闻天下，而且也强化了书院的教育教学功能，对书院的发展方向产生了重大的影响。

书院和科举结合，是其强化教育功能的最大表征。这种情势下的书院下系于民，上通于官，既是民众的求学之所，也是官府的养士之场。民间书院以读书应试而扬名者不少，湘阴县民邓咸所建笙竹书院，就是典型一例。它以训育族中子弟为主，接纳四方游学之士。湖北江夏冯京、安州郑獬二人因负笈其中而双双高中状元，是为科场盛事，在士人的“美谈”之中，笙竹书院难免不成为科举圣地。于是，加强教育，重视教学，以期培养更多的“状元”，就会自然而然成为笙竹书院的自觉追求。此则社会期许使然，强化教学成了书院的必然选择。

官府视书院为养士之所，以应天府书院的事例最为典型。它的院舍虽由士人捐建，但成立则是奉朝廷诏令行事，教学管理皆由朝廷命官主持，学生享有解额特权。天圣三年（1025），应天府增加解额三名，到地方乡贡之年，书院学生直接参加科举考试的人更多。应天府书院即为科举考试的准备场所，如何教学生应试就成了平时教学的一项主要任务。而且该院办学几十年，学生累捷于科场，发迹成名者不绝于时，颇有成就。

总之，宋初书院无论官私，大多以其替代官学角色的身份，围绕着科举考试组织自己的教学，强化着自唐代以来即有的教育功能。书院教育功能的强化，还体现在讲学、藏书、祭祀、学田等四大规制的形成，书院内部结构日趋完备，藏书、祭祀、学田为教学服务，并且在以四大书院为代表的宋初书院中有着极生动多彩的表现。

值得指出的是，这种被强化的教学功能，决定了后世书院发展的主要方向是招生授徒，可谓影响深远。然而，也正是这种强化了的教育功能，带来了将书院仅仅看作是教学机构的错觉，甚至有将非教学的书院强行打入另册的做法，这对书院文化的研究是有害的。作为中国士人的文化组织，书院所蕴含的内容是极为丰富多彩的，它有着众多的文化功能，我们不能将一种特殊时期受到特别放大的功能当作其全部功能看待。事实上，北宋后期书院的发展也出现了自别于教学一途的局面。

第二节　北宋后期书院

经过近百年的休养生息和人民的辛勤开发，北宋的农业、手工业和商业都有显著发展，社会经济继盛唐之后，再次呈现繁荣局面，政府已完全具备了恢复和发展官学系统的实力，因此自庆历四年开始到宋室南迁，即1044—1127年，80多年时间北宋朝廷就开展了三次兴办官学的运动。正是在这种形势下，书院开始了其新的发展历程。

一　兴学运动中书院与官学的互动

振兴官学运动的更直接原因是不满“不务耕而求获”的科举制度及其愈演愈烈的弊端。自隋唐以来，学校和科举就成为国家养士与取士的正途，宋初无力兴学而大倡科举，几倍几十倍地扩大科举名额，本属不正常，虽然曾努力于培植书院以代官学，但书院毕竟有限，北宋前期全国仅

20 所左右，且最大规模者如岳麓书院【图 2-1】，起先只有 60 余名学生，最多也只数百人就读，改变不了国家养士、取士过程中缺少一环的跛脚局面。更何况部分士人贪图名利，不务实学，因循为弊，使科举走向了反面。因此，一些有识之士纷纷起来批评这种状况，要求政府兴办官学，整顿科举。于是，宋仁宗改变政策，在坚持 20 年支持书院之后，转而开始支持官学的复兴，于是全国出现了三兴官学的运动。

图 2-1 岳麓书院鸟瞰图

第一次兴学运动由范仲淹发起，是庆历新

政的一部分。范仲淹对不教而择人的科举制度极为不满，天圣年间曾多次上书要求改变这种“不务耕而求获”的现状。庆历三年（1043）八月，他任参知政事，第一次《答手诏条陈十事》中，第三件事就是“精贡举”，次年三月，仁宗皇帝从其所议，诏令兴学。庆历兴学的重点一是整顿国子监，并令州县皆立学，建立从中央到地方完整的学校教育系统，二是规定士子须在学三百日，才能参加科举考试，以确保学校教育的权威性。

第二次兴学运动由王安石【图 2-2】发起，是其变法的一部分。早在嘉祐三年（1058）王安石在长达万言的《上仁宗皇帝言事书》中就提出人才救国的思想。熙宁二年（1069），他任参知政事，开始实行变法，并着手实施改革科举、兴办学校的主张：在太学实施三舍法，增设武学、律学、医学、蕃学，在全国各路、州、府设学官53员，规定以《三经新义》为各类学校必读教材。其中最主要的是三舍法，它规定将太学分为外、内、上三舍，外舍生700人，年终考试，成绩优秀者升内舍；内舍生200人，每两年升级一次，升上舍；上舍生100人，学行皆优者可直接授予官职。它的意义在于以三舍进取替代科举考试，将学校教育的地位进一步提高。

第三次兴学运动是蔡京发起的，它开始于

图 2-2 王安石

崇宁元年（1102），其主要内容是增加州县学学生名额，设置各路提举学司，管理一路之州县学政，以加强国家对官学教育的行政领导。

三兴官学运动的主要目的是恢复和发展从中央到地方完整的学校教育体系，并确立其权威性，进而以升舍之法取代科举考试，集养士取士于官学教育一途。三次兴学的最后结果虽然由于种种原因与主持者的预期目标可能有距离，但总的来讲是比较成功的。

官学的普遍建立及其权威地位的确立，意味着书院替代官学作用的完成。湖南地区在大兴官学前创建且充当替代角色的几所著名书院，在兴学运动的过程中大多被转换角色列入官学的阵营，衡阳石鼓、湘阴笙竹二院分别改为州学、县学，岳麓、湘西二院则与潭州州学连为一体形成“潭州三学”的结构。所谓“三学”，即指潭州州学、湘西书院、岳麓书院三位一体，分成三个等级。学生通过考试，依太学升舍之法以积分高低逐级递升。在“三学”中，岳麓书院位同上舍，是潭州地区的最高学府。“潭州三学”所展示的是书院和官学的“合而为一”，或者说是书院的官学化倾向，但它仍然是书院替代官学现象的特殊反映。

宋初兴起的几十所书院，在官学运动中，或被废弃、停办，或被改作他用，或被僧道所占，或被改为州府之学，几乎全军覆灭。至此，书院在宋初获得的那种显赫声名丧失殆尽。然而，声势的失却并不意味着书院发展历程的中断，恰恰相反，书院在北宋后期获得了比前期更快的发展。书院的绝对数字，后期也要比前期多出1.5倍以上。

二　北宋后期书院的流变

北宋后期，书院失去了政府的支持，表面上看似冷落，但数量较多，获得了实际的更快的发展，其文化功能更趋多元。

北宋后期书院的继续发展，得力于以士人为主体的民间力量的支持。以书院最发达的江西为例，庆历至靖康（1041—1127）年间，共创建24所书院，可以确定其创建人的有21所，其中仅赣州清溪书院为知州赵抃所建，民力对于书院发展的决定性作用显而易见。湖南北宋12所书院，其中庆历以降6所书院均由士人所建。此类情况说明，民间力量已重回历史舞台，虽无宋初官府势力的强大、热闹，但却实实在在、静默无声地推动着北宋后期书院的向前发展。

北宋后期书院的发展，既得力于士人的支持，也满足了士人不同层次不同类型的文化需求。比如洞庭湖区青草湖中（今属湖南岳阳县鹿角镇）的石鼓书院【图2-3】，更多的只是文人墨客把酒论文、登览赋诗的处所，它与衡阳石鼓书院教

图 2-3 石鼓书院公园

学授受的功用大不相同。此种不同类型的书院，体现了书院作为文化组织对各种文化需求的适应能力，而其创建于庆历兴学运动之中，更说明没有官府的支持它仍然能够生存。

北宋中后期，思想文化进入成熟的阶段，古文运动深入发展，道学（即后世所谓理学）兴起，因而士人的文化需求往往又体现在这两方面。古文运动的领袖人物中，欧阳修曾作《吉州学记》等，为官学兴起而欢呼，也在皇祐六年（1054），于颍州（今安徽阜阳）知州任上创建西湖书院；

范仲淹于康定二年（1041），以延州（今陕西延安）知州身份创建嘉岭书院；曾巩在嘉祐年间（1056—1063）创建兴鲁书院于临川；王安石年轻时也有在宜黄县鹿冈书院随杜子野学习的经历。这说明，古文运动的倡导者们，曾利用书院传播其学说，也即是说，书院可以满足古文运动者们的文化教育需求。这是正面的例证。反面的也有，如四川苏氏父子，为文章名家，他们对书院似乎不感兴趣，其存神过化之地，虽后世多建有东坡书院等，但例皆纪念性质，故苏氏蜀学与书院无缘，因此它不得与洛学一起流传，而终至衰隐无闻。

北宋理学家也有建立书院或与书院发生密切联系的记录。如被尊为理学开山祖师的周敦颐，长期在江西做官讲学并终老其地，李才栋先生在《江西古代书院研究》中就认定，与他讲学相关的书院共有修水景濂、萍乡之芦溪宗濂、江州濂溪、虔州清濂等四所。周敦颐的学生程颢【图2-4】、程颐【图2-5】兄弟，创立洛学而奠定理学基础，时称“二程”，皆曾讲学于嵩阳书院【图2-6】。程颢在熙宁元丰间（1075—1080）任扶沟县知县六年，曾建书院讲学，后人以其号称明道书院，或作大程书院【图2-7】，宋、明、清三代办学，其院舍至今保存完好，列为县级文物保护单位。程颐则于元丰五年（1082）袭用唐人

图2-4 程颢

图2-5 程颐

王龟松斋书堂故事，请得文彦博赠地十顷，在洛阳伊川创建伊皋书院[1]，“以为著书讲道之所，不惟启后学之胜迹，亦当代斯文之美事”[2]。从此直至逝世凡 20 余年，只要他人在洛阳，基本都在伊川著书讲学，成就人才众多，人称伊川先生。

“二程”的学生杨时，是理学南传的重要人物。政和四年至建炎三年（1114—1129），他在无锡讲学 16 年之久，建有东林书院，又以其号称作龟山书院。其学经罗从彦、李侗而传至朱熹，终于开创了理学的全盛时代。而长期的学术浸润，也宜乎其光大于明代，以规正王学流弊和关心家国天下事而称名于世。

①［宋］程颐：《上文潞公求龙门庵地简》，《二程文集》卷二，上海：商务印书馆，1937 年，第 124 页。
②《文潞公送伊川先生地书简》，转引自《洛阳市土地志·嵩县卷》，郑州：中州古籍出版社，1999 年，第 202 页。

图 2–6 嵩阳书院讲堂

图 2-7 大程书院讲堂

不同追求不同爱好的人，皆可以通过书院来实践自己的理想，是为一种超强的文化适应力。正是这种适应力，使得北宋后期的书院呈现出丰富多彩的文化功能，在作为主流的学校性质的书院之外，还衍生出墨客游览、骚人放歌、学者著述、大师传道等等不同类型、各有特色的书院。毫无疑问，这是书院在北宋后期产生的一种具有积极意义的流变。

在这些流变中，以学术为目标的追求值得引起特别注意。它在学校之外，为书院的发展开辟了另一种更具文化意义的方向。其直接的结果是南宋书院与理学的一体化，而推溯其源，则是宋初三先生（胡瑗、孙复和石介）在泰山、徂徕书院的讲学活动。

第三节 北宋“天下四大书院”

“天下四大书院”，虽是一个由南宋的书院建设者们提出的概念，但推究其实，它只是宋初书院影响之广、声势之大的代指，集中体现了宋初书院替代官学的作用，以及由此而被强化的教育教学功能。

一 不同版本的“四大书院”之说

宋初“天下四大书院”之说，始于南宋，但各家所指却有不同。谨将各家各说叙录如下，希望读者在还原历史场景的阅读中，和我们一起来体悟先人们在建设书院的努力中提出此说的良苦用心。

最先提出此说的是范成大。乾道九年（1173）二月，范成大游石鼓书院，因其地为山水名胜，又有其“家兄”（范至先）所建武侯庙，于是，这位大诗人就将其见闻记入游记性质的《骖鸾录》中，后世学人将其摘出单行，以《石鼓山记》为名。其称："始，诸郡未命教时，天下有书院四：徂徕、金山、岳麓、石鼓，山名也。"[①]徂徕书院为石介所建，在山东徂徕山。"金山"即茅山书院，在南京，侯遗所建。"岳麓"即岳麓书院，在长沙。很显然，诗人钟情者在山。因此，其所列天下书院，皆与山有关。

第二个提到"四书院"的是吕祖谦，时在淳熙六年（1179）。吕氏为理学名家，建有丽泽书院讲学，其名与朱熹、张栻相齐，并称"东南三贤"。朱熹任职南康军，见到宋初曾得到皇帝赐书的白鹿洞书院【图2-8】废弃时，毅然修复院舍，聚徒讲学。为纪其事，请吕祖谦作《白鹿洞书院记》。记中称："国初，斯民新脱五季锋镝之厄，学者尚寡，海内向平，文风日起，儒先往

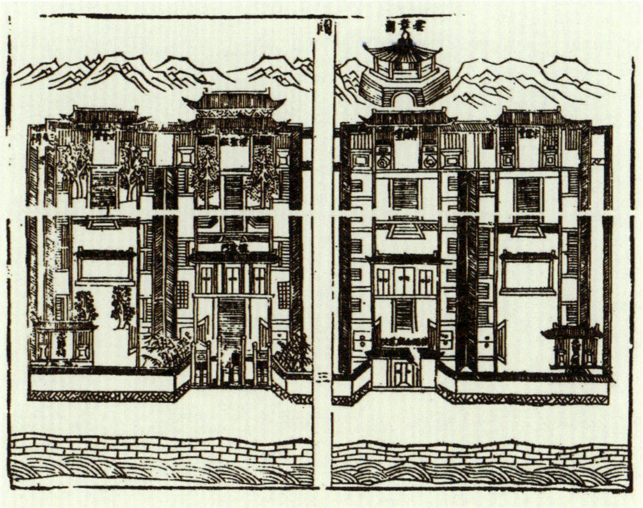

图2-8 白鹿洞书院图

①[宋]范成大:《骖鸾录》，北京：中华书局，1985年，第13页。

往依山林，即闲旷以讲授，大率多至数十百人，嵩阳、岳麓、睢阳及是洞为尤著，天下所谓四书院者也。”[①]透过学术缘由，考诸史实，我们还应该知道，吕氏之文，实本朱子之意，将白鹿洞书院列入四书院，大有为讲学张本，为朱子鼓吹之良苦用心在[②]，要达到的目的就是扩大正在建设中的白鹿洞书院的影响。

范、吕同处南宋前期，时值理学家谋求发展、属意书院、倡导讲学之秋，或因见识所限，或因所学不同，二人虽同为名人，同谈宋初四书院，且相隔只有六七年时间，但达成共识者则仅有岳麓一院，反映出在四书院的认同上人们还处在探寻阶段。

第三个提到的是南宋末的王应麟，他运用了大量史实材料，其结论为“嵩阳、岳麓、睢阳及白鹿洞为尤著，天下所谓四书院者也”[③]。十分明显，王氏采用吕说，其文字亦多移录。但王氏毕竟以史学名世，精于考订，其说多引档案、奏疏、诏令为证，而且在白鹿名下系以雷塘，岳麓名下系以湘西、南岳、石鼓之事，又透露出史家的不同信息。这说明，吕说此时已成“公论”，虽史家有不同看法，也只能曲为表述。

第四个提到的是宋末元初史学大家马端临，他以宋遗民从事《文献通考》的编纂，有时间和条件收集前人各家之言。或许正是材料太多，难

①［宋］吕祖谦：《吕祖谦全集》第一册，杭州：浙江古籍出版社，2008年，第99—100页。

②李才栋：《江西古代书院研究》，南昌：江西教育出版社，1993年，第79—80页。

③［宋］王应麟：《玉海》卷一六七《天下四书院》，清康熙二十六年刻本，第32页b。

于取舍，才导致了其一书二说的矛盾。卷四十六《学校考》有“天下四大书院”之目，下列白鹿洞书院、石鼓书院、应天府书院【图 2-9】、岳麓书院【图 2-10】之事。但是到了卷六十三《职官考》，其“宋初四书院”目下，所列名单就改作白鹿洞、嵩阳、岳麓、应天府了。

至此，我们已经明了，北宋“四大书院”之说经历了一个发展变化过程。最先是范诗人游船停泊石鼓的诗性之说，四者皆以山名，明显有着钟情于山水的诗化特点。随后是理学家的定义，有着明确而理性的目的，书院讲学成为一种事业

图 2-9 复建的应天府书院

图 2-10 岳麓书院讲堂

的追求，“四书院”也就赋予了更多的学术意义，甚至成为一种符号与象征。理学家经历磨难最终得势，当初的刻意提议，自然就变成了垄断性的话语。

二　“三书院”“五书院”之说

当“四大书院”之说纷纭盛行之时，南宋的学术界还有“三书院”“五书院”说与之对应并行，但“三书院”之说长期被“四书院”掩盖，无闻于后世。

明确提出“三书院”的是吴泳。淳祐六年

（1246），吴泳《御书宗濂精舍跋记》称："臣尝考国朝建立书院隶于今职方者三，潭曰岳麓，衡曰石鼓，南康曰白鹿洞，皆繇上方表赐敕额，盖所以揭圣范崇道规也。"（吴泳《鹤林集》卷三十八）"三书院"和"四书院"一样，是南宋的书院建设者们树立的榜样，也是为了将自己行动合法化甚至神化而提出的一个符号象征。

推考"三书院"之论的由来，则与倡导书院运动的理学大师朱熹【图 2-11】有关。淳熙十四年（1187），朱熹为石鼓书院作记，其称："予惟前代庠序之教不修，士病无所于学，往往相与择胜地，立精舍，以为群居讲易之所。而为政者，乃或就而褒表之，若此山，若岳麓，若白鹿洞之类是也。"①

①朱熹：《衡州石鼓书院记》，《朱子文集》卷十，北京：中华书局，1985年，第407页。

图 2-11 朱熹

"三书院"所指高度一致，界说清楚，从来就指岳麓、石鼓、白鹿洞，而且又张本于朱熹，依常理而论，应该彰显而流行。但后来的史学文献之家如王应麟、马端临等偏不钟情于"三"，而取众说纷纭的"四"。于是，"三书院"之说失传，"四大书院"则成为宋初著名书院的代名词得以通行。

"五书院"之说见于南宋吕大中《宋大事记讲义》卷十，其称："国家肇造之初……为书院者五，曰嵩阳书院，曰石鼓书院，曰岳麓书院，曰应天府书院，曰白鹿书院……今嵩阳、应天二书院邈不可考，而石鼓书院淳熙中得潘侯畤而复兴，岳麓、白鹿书院又得张、朱二先生主之。"①

考"五书院"之说，其义有二：一是并取石鼓、嵩阳二院，而不做二者取其一的选择，则"五书院"实为"四书院"之说的折中版。二是南宋时期，北方嵩阳、应天府二书院沦于金人治下而不可考，五书院去二，实际仅存岳麓、石鼓、白鹿洞三书院，故"五书院"又可视作"三书院"的扩展版。

三　天下书院三四家

无论"三书院"，还是"四书院"，抑或"五书院"，越过门户之见，它所代表的仅是一种称谓而已，其所指称者，无非就是说，宋初有那么三家或者四、五家书院可以称闻天下。今统计三四五家各说，除去重复，计有岳麓、石鼓、白

①邓洪波：《石鼓书院志补遗》卷二，《石鼓书院志》，长沙：岳麓书社，2009年，第265页。

鹿洞、嵩阳、应天府、徂徕、茅山七书院，它们是南宋的书院建设者们所认定的宋初天下著名书院。以下我们将和读者一起，翻阅历史画卷，领略这些天下名院的风采。

岳麓书院，在湖南长沙岳麓山抱黄洞下。唐末五代时僧人智璇等在此建屋聚书，召集士子读书其中【图 2-12】。开宝九年（976），知州朱洞接管智璇设立的办学设施，扩充规模，增置图书，创立书院，有讲堂五间，斋舍五十二间。咸平二年（999），李允则继任潭州知州，扩建书院，并奏请朝廷赐书。李允则的努力，不仅奠定了岳麓由讲学、藏书、祭祀、学田四部分构成的基本格局，而且标志着强化了教育教学功能的书院规制的形

图 2-12 二僧办学图

成，促成了湖湘坚持兴学、发展文化事业的社会风气和与礼乐之邦洙泗、邹鲁比高的自豪感。这种风气和心理机制的形成，正是岳麓在三兴官学运动中得以保存而不衰的重要原因之一。大中祥符五年（1012），周式任山长，他是岳麓历史上的首任山长，也是中国书院发展史出现最早的山长之一。周式在岳麓聚集数百名生徒相授受，可以树为榜样，自然引起了最高当局的重视。于是，真宗皇帝在大中祥符八年（1015）召见周式于便殿，拜其为国子监主簿，给了一个普通的书院山长极高的礼遇。但周式心系岳麓，执意还山，真宗乃赐给对衣鞍马、内府秘籍及御书“岳麓书院”匾额【图 2–13】使归教授。于是，岳麓之名称闻天下，鼓笥登堂者不绝，岳麓书院在全国的特殊地位完全确立。自此至北宋末年，岳麓书院一直兴学不断，所不同的只是它曾一度以“潭州三学”著称于世，确立了其高等学府的地位。

白鹿洞书院，在江西庐山白鹿洞【图 2–14】。由五代时期的庐山国学发展而来，北宋初年，江州地方士人开始于白鹿洞建书院。太平兴国二年（977）因前来求学生徒日众，时任江州知州的周

图 2–13 宋真宗皇帝所赐岳麓书院匾额（原匾额已佚失，图为明代集宋真宗字所刻石碑）

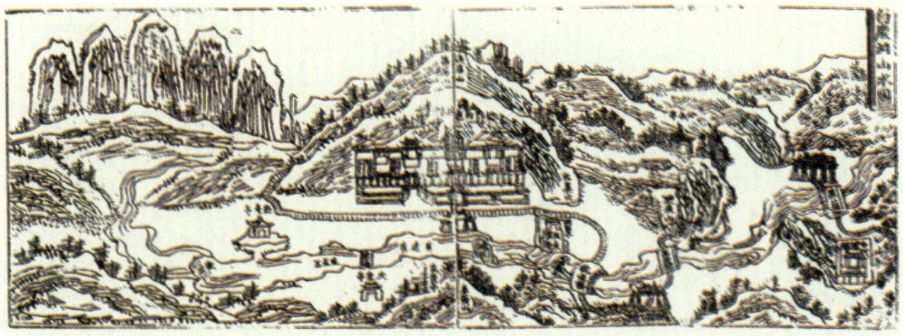

图 2-14 白鹿洞山水图

述向朝廷请赐国子监九经，以供生徒学习。咸平五年（1002），宋真宗命地方官员修缮白鹿洞，塑孔子及十弟子像。皇祐五年（1053），孙琛就白鹿洞故址建学馆 10 余间，以教四方学者。然而，据著名书院史专家李才栋先生考证，北宋时期的白鹿洞书院三起三落，连续办学时间前后相加仅有 9 个年头，时间很短，生徒人数只有数十人，或近百人，规模不大；师长声望不高，社会影响不彰，其名尚不得与东佳、华林、雷塘三所著名书院相提并论。因此，除了起始较早，基础较好，曾受朝廷赐书之外，实不得称为大书院，宜乎范成大不将其列名宋初四书院之中。白鹿洞真正成为海内名书院，是南宋淳熙年间朱熹重建讲学，订立学规，请朋友吕祖谦作记以后才有的事情。白鹿洞的声名鹊起，实乃南宋理学家推广之功。

石鼓书院，在衡州石鼓山。唐代元和年间，李宽建院读书其中。宋至道三年（997），郡人李士真向郡守申请创建书院于李宽结庐读书之地，以为衡阳士人肄业之所。景祐二年（1035），集贤校理刘沆知衡州，上疏请赐“石鼓书院”匾额。在官学运动中，它被改为衡州州学，故史志多有“石鼓书院实州学”的记载，这也从一个侧面反映出当年书院替代官学的实际情况。熙宁年间，知州王中和延聘秀才陈胄为山长，其学行文章皆为人称道，被谪居雁城的前宰相刘挚引为知己，诗文唱和，弦歌相守，并命两子从其问学。

应天府书院，在应天府（今河南商丘）城西北。其前身是“睢阳学舍”，五代后晋（936—947）时戚同文讲学之所。大中祥符二年（1009），郡人曹诚就学舍旧址建屋聚书，捐给政府，真宗赐额“应天府书院”。因戚同文人称睢阳先生，且应天府后来改名南京，故历史上又称其为睢阳书院、南京书院。景祐二年（1035），改为应天府府学。庆历三年（1043），改为南京国子监，其地位更高于地方一般官学，而与东西两京的国子监鼎足而立，交相辉映，成为官学运动中的一个亮点。

嵩阳书院【图 2-15】，在洛阳登封太室山麓。原名太乙书院，五代周世宗时建。宋至道二年（996）七月，朝廷赐额太室书院及印本九经书疏。大中祥符三年（1010）四月，增赐九经。景祐二年（1035），敕西京重建，改赐“嵩阳书院”额。宝元元年（1038），赐田十顷。庆历兴学以后，渐至废弃。范仲淹、司马光、程颢、程颐等先后讲学于此，一时名流聚会，养成书院与学术

图 2-15 嵩阳书院大门

相结合的传统，其时院中学生常有“数十百人”，奠定了洛学的规模。

茅山书院，又作金山书院，在江宁府金坛县三茅山。宋初处士侯遗创建，教授生徒，并自营粮食，讲学十有余年。仁宗时期，王随知江宁府，奏请于茅山斋粮庄田内拨田三顷，以充书院赡用。侯先生卒后，居空徒散，书院渐废，其地遂为崇禧观所占，直至南宋端平年间始异地重建。

徂徕书院，在兖州奉符（今山东泰安）徂徕山长春岭。石介建以讲学之所，因此，人称石介为徂徕先生。其实，石介致力最多的不是徂徕书院，而是为其老师孙复所建的泰山书院。在徂徕书院他们讲学读书近十年，集合一批学者，开创了书院与学术道统相结合的传统。

在宋初 80 余年间，多所著名书院，依凭着中央与地方官府这样强大的权力资源，扮演着替代官学的角色，它们和位居京师开封府的国子学一起，实际构成从地方到中央的官学体系，承担着国家最主要的教育任务。这种状况，一直到仁宗景祐年间先后改书院为州府学时才开始改变，到庆历兴学时基本结束，此其一。其二，“四大书院”替代官学数十年之久，挟其影响全国的声势，强化了书院的教育功能。从此，学校性质成为书院的主流，招收士子肄业其中成了书院最主要的特征，办学与否成了区分书院是否正宗的标准，影响所致，人们遂以教育教学为书院最主要的功能。其三，替代官学的宋初四大书院，可以视为中国书院教育制度基本确立的一个标志。作为一种比较成熟的教育制度，书院包含讲学、藏书、祭祀、学田四大基本规制。

通过以上叙述，我们可以比较清楚地了解从书、读书人、书院，到具有学校性质的书院，再到书院教育制度的形成，这样一个历史发展过程。需要指出的是，书院教育制度的完善是由南宋理学家们完成的，张栻、吕祖谦、朱熹、陆九渊等大师的经营，使这种制度富有理性，充满理想，更具活力。

第三章　南宋书院

南宋是中国古代书院发展史上最重要的一个历史时期，它的最大特点是，在学术大师的指导下，书院作为一种文化教育制度得以完全确立。书院制度的形成，标志着我国教育事业进入官学、书院、私学三足鼎立或者说三轨并行的时代。因此，我们完全有理由说，南宋开创了书院历史的新纪元。

第一节　南宋理学家与书院

南宋时期，共历九帝 153 年（1127—1279），是期书院总数达到 442 所，是北宋的 6 倍。这种情况表明，书院在南宋已经步入快速发展的繁荣时期。这些书院分布在今江苏、安徽、浙江、江西、福建、湖北、湖南、广东、广西、贵州、四川等 11 个省区，总的来讲，势力范围比北宋有所扩大，但分布不均，极显发展的不平衡性。以江西为中心，周边的浙江、福建、湖南形成了一个势力强大的书院密集区，改变了以前书院点、线分布的格局，标志着书院经历 500 余年的发展之后，终于在南宋迎来了它的繁荣昌盛时期。

南宋书院 150 余年的历史可以划分为两个发展阶段。第一阶段，自高宗至光宗（1127—1194），共三朝凡 68 年，其特点是理学家掀起书院运动，使其走上了与学术文化相结合的道路，而这种结合的激荡即形成第一个发展高潮。第二阶段，自宁宗至宋末（1195—1279），共六朝凡85年，书院和理学一起经历“庆元党禁”的磨难与考验之后，终于形成理宗、度宗时期的蓬勃发展，其制度亦日趋完善。总体来看，南宋书院形成了两个高潮，后期比前期更为发达，虽中间略有曲折，但呈一路攀升之势。

一　理学家掀起的书院运动

两宋之际，金兵南掠，溃卒作乱，再加以农民起义，四川往东沿江一线，战火连年，北宋时期创建的书院，多数随战争灰飞烟灭，化为废墟。士风败坏、人民反抗的严酷现实，向南宋新一代理学家们提出了收拾人心、重建伦常、以一种新的价值观念维系世道民心的任务。

在南宋，最先将理学和书院结合到一起的是湖湘学者，而始开其风者为胡安国父子。在理学史上，胡安国与杨时并享南传洛学之功。建炎四年（1130），胡安国从荆门避居湖南，于衡山之麓（今属湘潭）买山结庐，称作碧泉书堂（也有作讲舍、精舍者），居以讲学授徒。其后，胡安国在南岳又建有文定书堂，在“奔走”中完成了代表作《胡氏春秋传》，直至绍兴八年（1138）胡安国逝世于碧泉书堂。其子胡宏，扩建碧泉书堂为碧泉书院，以为会文讲习之所，其时，张栻、彪居正、胡大原等一大批学者云集门下，切磋学术，卒开湖湘之学统【图 3-1】。

继湖南理学家开创书院运动之后，各地学者也开始了创建书院、讲授其学说的工作。浙江有吕祖谦乾道二年（1166）讲学丽泽书院，福建有朱熹乾道六年（1170）创建寒泉精舍，江西有朱熹淳熙六年（1179）兴复白鹿洞书院【图 3-2】、陆九渊淳熙十四年（1187）讲学象山精舍等。他们还以其学术领袖的地位或到处讲学，或为书院

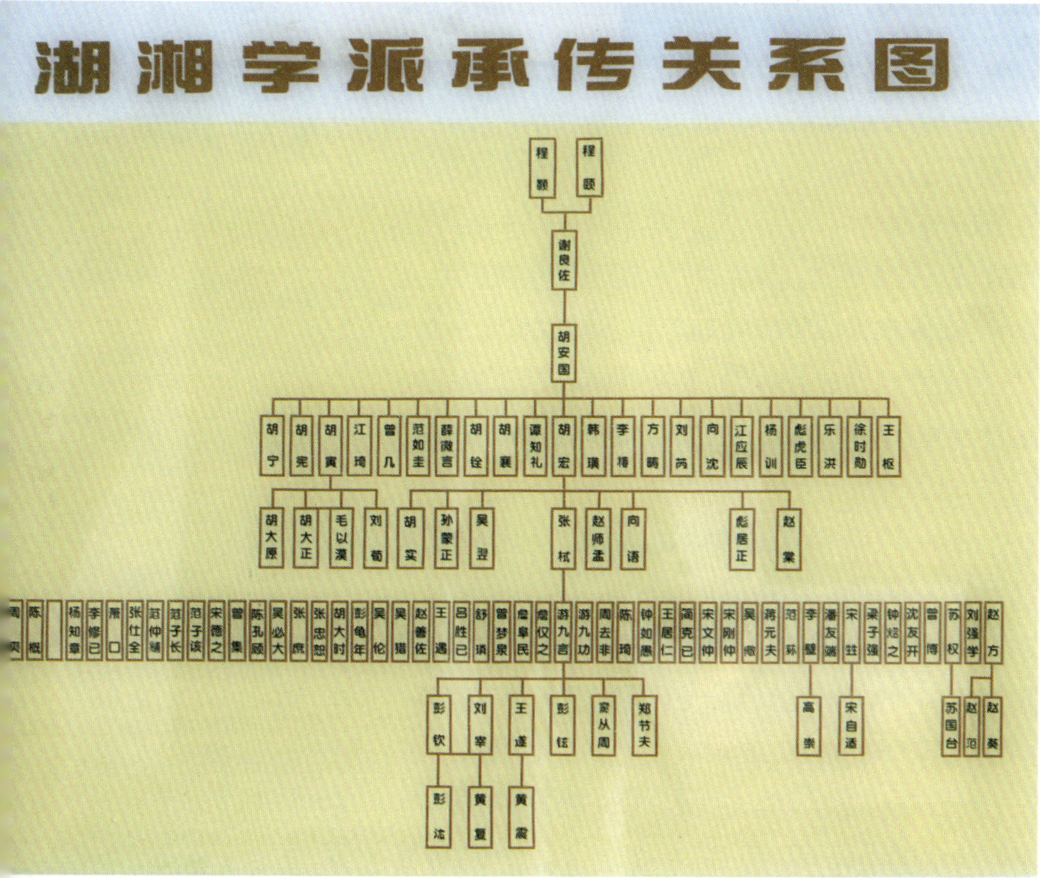

图 3-1 湖湘学派承传关系图

图 3-2 白鹿洞书院院落

作记撰序，或置田置书，或订立规章，大力提倡、带动当地书院建设。于是，在孝宗时期，尤其是乾道、淳熙年间（1165—1189），书院建设运动在全国范围之内得以展开，理学家们以书院为基地宣传自己的思想主张，扩大其学术队伍，浩浩然，将进入集大成阶段的理学和书院联系到一起，并进而将二者同时推入其发展的高峰期，形成理学发展史上的“乾淳之盛”和南宋书院发展的第一个高潮。

张栻、吕祖谦、朱熹、陆九渊是南宋最著名的理学大师。他们在长期兴复创建书院的实践中，逐渐明确了建设书院的目标，提出了追求中的书院理想。他们的首要目标是谋求官方和民间两种力量共同推进书院的建设事业。书院本来起自民间，而自庆历兴学，官方力量基本退出书院以来，书院建设即由民间力量独立承担。因此，民间力量进入书院建设是不请自来，不成问题，理学家们所要谋求的是恢复官方对书院的支持与投入。为了实现这个目标，他们的基本做法是：从兴复宋初“天下三书院”入手，反复强调先朝对书院的奖励褒扬，以祖宗赐书、赐额、赐田、赐官等举措来夸耀和要求，意在请官方承认书院运动的合法性并出资出力以实际行动支持书院的建设。

岳麓书院、石鼓书院和白鹿洞书院，因为只涉及地方政府，似乎都很成功，三所书院在乾道至淳熙年间相继得以复建并重开讲学。但朱熹的目标是希望得到皇帝的赐额、朝廷的肯定，于是淳熙八年（1181）三月，他向中央政府呈送了《乞赐白鹿洞书院敕额》的报告。朝廷久已不涉书院之事，尽管朱熹搬出了宋太宗、宋真宗两位皇帝相要求，但没有起到半点作用，反而遭到朝臣们的讥笑和讽刺。面对如此困境，朱熹并未放弃。同年十一月，孝宗皇帝在延和殿接见朱熹，他不顾“执政”“切宜勿言”的警告，向皇帝当面提出为白鹿洞书院赐书赐额的请求，终于获得批准。从此，书院又获得了中央、地方官府以及民间力量的共同支持，理学家们实现了书院建设的第一个目标，恢复性地开创了官民两种力量共同推动书院发展的新时期，迎来了南宋书院发展的第一个高潮。

从批评“学校科举之教”入手，建立官方书

院，使之成为与州县官学并存而又能修正其沉迷科举弊端的另一种官方教育模式，这是理学家们追求的第二大目标。书院既属于官方学校的另一种形式，那它如何去实现自己存在的价值呢？理学家们设计的理想目标是，书院不以科举为目的，而以讲学为指归。关于这一点，朱熹曾清楚地表述为："前人建书院，本以待四方士友，相与讲学，非止为科举计。"[①]在科举时代，任何反对科举的教育机构要想长久存在，尤其是想作为一种制度而存在，那几乎是不可能的。因此，理学家们接受了这种无可奈何的现实，并不泛言反对科举，只将反对的目标锁定在仅仅以科举为目的这一点上，而将大量的精力倾注于讲学事业，希望以自己理学的教育理想来化解消融书院生徒的利禄之心，培养传道济民的人才。

二　书院与理学的一体化

书院和理学的一体化，是南宋书院发展的最大特点。理学家掀起的书院运动，使理学和书院从形式到内容相互渗透交融，形成一种互为依托、互为表里的结构形态，即书院是理学的基地，理学为书院的精神，二者盛衰同时，荣辱与共，有着休戚相关的共同命运。在实际生存状态中，它有形可察，有迹可循，具体表现在理学家的书院情结，学人、学派与书院的关系，书院讲学体现的理学精神等三个层面。

①［宋］黎靖德编：《朱子语类》卷四，长沙：岳麓书社，1997年，第2388页。

理学家发起的书院运动，在宁宗前期受“庆元党禁”之累，出现了波折。“庆元党禁”起始于韩侂胄与宰相留正、赵汝愚的争权，一大批理学家被牵连进去。庆元二年（1196），韩侂胄当权后，将理学斥为伪学，规定必须声明“非伪学之人”，才能做官、升迁，必须保证“不为伪学”者才能参加科举考试。又发布伪学逆党党籍，开列的59人中，有朱熹、吕祖谦等各派理学家，他们的著作遭到禁毁，人也被发配驱逐。

在这种严峻的形势下，理学和作为理学家大本营的书院备受冷落。遍查方志，庆元年间只有3所书院创建。更有甚者，庆元六年（1200）朱熹逝世，四方门人准备如礼送葬，朝廷则下令严禁，一代理学宗师，竟是如此落寞，在肃杀中走完其最后的人生旅程。大师尚且如此，其所从事之书院和理学走入低谷也就在“当然”之中了。书院和理学一起，运交华盖，落难于“庆元党禁”，这是事情的一方面：政治压迫和学术专制可以暂时阻断书院和理学的发展。

另一方面，恰恰是来自外部的压迫和威胁，使得理学和书院交融更深，自我凝聚，自我认同，为下一轮发展准备和积聚力量。嘉泰二年（1202），政治形势发生变化，“庆元党禁”解除，统治者对理学的态度明显朝好的方向转变。嘉定二年（1209），追谥朱熹为文公，为其平反昭雪。

八年，谥张栻为宣公。九年，谥吕祖谦为成公。十三年，谥周敦颐为元公，程颢为纯公，程颐为正公，张载为明公。至此，乾淳时代的理学家们不断宣讲的“学统”终于得到官方的正式承认，他们自己也被编列到这个学统之中。此即所谓“嘉定更化”，理学告别黑暗，迎来了光明。

党禁既开，作为理学家大本营的书院亦受到统治者重视，从此，理学和书院一起，一同走上了迅速恢复、发展的道路。理宗、度宗时期（1225—1274），官民两股力量密切配合，上下同心，将理学和书院一体推向了繁荣。理宗皇帝对理学情有独钟，即位之初，就对朱熹的《四书集注》大加赞扬，诏令特赠朱熹为太师，追封信国公，旋改徽国公。程朱理学终成正果，获得了官方正统思想的地位。理宗皇帝对书院也是偏爱有加，“或赐田，或赐额，或赐御书，间有设官者”，一直采取积极支持的政策。直接受其关顾的书院，仅《续文献通考》就记录了20所，地方志所载则更多。不仅如此，淳祐元年（1241），理宗视察太学时，还亲笔手书朱熹的《白鹿洞书院揭示》赐给太学生，并颁行天下学校，使其成为全国官学共同遵守的准则。所有这些都表明，最高统治者已经不再动摇，真正回到了坚定支持书院发展的立场。

与官方相呼应，民间对书院的支持更是持

续高涨。这个时期，虽然集理学之大成的一代大师都已谢世多年，但他们的学生及学生的学生，皆以继起先贤、讲求学问、倡大师说为荣耀，尤其是以魏了翁、真德秀为代表的宋末杰出理学家，竭尽全力，终于使遭受“庆元党禁”的理学得以平反，并成为官方哲学，使建设书院传授理学成为一种时尚。

第二节　南宋书院制度的确立

书院发展到南宋进入其制度化的确立阶段。书院制度的确立有几个主要标志。第一，书院和理学互为表里，荣辱与共，形成一体化结构。第二，规制日趋完善，研究学问、教学传道、藏书、刻书、祭祀学派祖师、经营田产等成为书院的六大事业，书院成为一个功能完备且可以独立运作的文化教育组织。第三，内部的职事设置日趋合理，书院的组织管理已臻完善。第四，各书院开始制订并执行学规、规程、揭示等规章制度以规范自身的行为，宣示自己追求的目标与学术文化主张。这种自觉的举措，是书院制度走向成熟并最终确立的重要标志。

一　书院的六大事业

在替代官学的北宋前期，书院形成了讲学、藏书、祭祀、学田四大基本规制。但仔细分析，这些规制的官学成分还比较浓，还未形成书院自己的特色。因此，书院基本规制的进一步建设与完善，还有待南宋理学家的努力。

1. 学术研究

研究学问，集成理学，是南宋书院建设的头等大事。研究源出于讲学，而从逻辑上讲，它又居于讲学的上游。使所讲之“学”缜密完善，形成系统的理论体系，是其主要任务。其任务的承担者，主要是朱熹、张栻、吕祖谦、陆九渊等当年的学术大师及其主要弟子。因此，躬与其事的书院从数量上来讲只是少数。书院的学术研究及形成的理学理论，可以保证讲学在高质量高水平状态下连续不断地运行。现实世界中尽管只有少数书院能够真正担当学术研究的重任，但在讲学盛行的时代，它可以产生一种引领作用，使大多数书院形成对学术研究的景仰与向往，从而使学术研究本身也变成一种时尚，或者说至少是一种追求的目标,并最终演绎成书院的一种基本规制。从此，具备很强的文化创造功能的书院就成为推动中国学术事业发展的一支重要力量。

2. 讲学

讲学主要体现书院的教育教学功能，属于文化传播的范畴，它为上游的学术研究服务。将各个学派的思想、理论传播推广于士人和一般民众之中，普及文化基础知识，是它的基本任务。

普通教学是唐五代以来书院就有的功能，传道讲学则是南宋理学家赋予书院的责任。“传道”按照其所涉学术程度的深浅，又可以分为三个层次的讲学。

第一个层次的讲学，属于学术原创性讲学。由各个学派的大师主持，或大师自讲，或大师与同谊会讲，或大师与论敌开讲会辩难质疑，其特点是阐发儒家经义，创建学派理论体系。第二个层次的讲学，属于学理传播性讲学。由大师的弟子、再传弟子们主持，其主要目的在于传播大师的学说，发挥本学派的精义，尽量使学派的发展空间扩大、时间延长，着眼点在培植学术种子，壮大学者队伍。第三个层次的讲学，属于学术普及性讲学。由懂得儒家理论的学者主持，听众则为初学之人或平民百姓，讲学用词多平实，浅显易懂，将先贤的理念、大师的观点具体化作一般民众可以理解的日常行为准则，并使之成为一种生活习俗。这实际上是一种宣传教化活动，其目的是将学术普及于广大的民众之中。

3. 藏书

书院是读书人围绕着书开展文化教育活动的公共场所，藏书则是书院一种永恒的事业追求。继北宋皇帝频赐经史典籍给岳麓、白鹿洞、嵩阳诸书院之后，由于南宋理学家朱熹、袁燮、魏了翁等一大批书院建设者们孜孜不倦的努力，书院与各学派结合而成的学术需求，终于使得书院挟其林立各地的藏书楼阁、皇皇数万乃至十万卷院藏之数，成就其藏书事业。从此以后，书院藏书【图 3–3】就自立门户，得以与官府藏书、私人藏书、寺观藏书一起，并称为中国古代藏书事业的四大支柱。书院藏书既不同于官府藏书之石渠金匮，视若鸿宝，也不同于寺观、私人藏书之志在保存，以为珍玩，侈谈宏富。它完全服务于院

图 3–3 嵩阳书院藏书楼

中师生的教学与学术研究工作，并由此而形成了公共性、公开性、利用性三大特征。在书院的内部规制中，书院藏书有着多重功能。尽量多地收藏图书，这是一种文化积累，而一旦进入流通，供院中师生阅读，则是文化的传播。若院中师生凭借图书进行研究，建立新的理论，则院藏图书又成为书院学术研究的基础与保证。

4. 刻书

图书生产是唐代丽正、集贤书院就有的功能，但那是手抄笔写，没有生产规模。南宋，随着雕版印刷【图 3-4】技术的推广，有条件的书院皆涉足刻书，形成了堂而皇之的“书院本”，

图 3-4 刊印图书的雕版

刻书也就成了书院的基本规制之一。为院中师生教学与学术研究服务，谋求书院的发展，是书院刻书的首要任务。与祭祀相配合，书院经常刊刻本学派学术大师的著作，以教授院中诸生。书院刻书使道以书传，院因学盛，其结果就是书院与学派的结合，书院与学术的共同繁荣。书院还刊刻师生的学术成果，如宋淳熙年间，衡州石鼓书院山长戴溪“与湘中诸生集所闻”而成《石鼓论语问答》三卷。从书院的内部规制来讲，刻书服务于学术研究和讲学传道，既保存展示研究成果，提高教学水平，又可以流传于院内师生以及院外士人之间，扩大社会影响，还可以配合祭祀，强化学术、学派的认同感，有着多重文化功能，成为书院规制建设中的重要一环。

5. 祭祀

祭祀是书院规制中一个极为重要的组成部分，历来受到士人重视。南宋开始，随着书院与学术事业及地方文化的结合，在院中学术大师、有名的山长、关心书院建设的乡贤与地方官等人的努力下，祠堂日渐进驻书院，书院祭祀走上了独立发展的道路。

书院设祭的一个主要目的，是标举自己的学术追求，借所奉人物确立其学统，此即所谓“正道脉而定所宗也”。祠堂【图 3-5】之上排列的开山祖师及各个时期的代表人物，象征书院的精神

图 3-5 五峰书院祠堂

血脉，表明书院的学术渊源、风尚与特色，是学术传统的具体化。书院祭祀的另一个重要目的，是对院中学生实施教育。书院设祭，有一定的标准，一般来讲，必须具备与本乡本土关系密切、德行道义足资后学模范这两个最起码的条件。乡土使人亲切,模范可以学习。祠宇中供祀的先贤，实际上就是书院为诸生树立的亲切可学的典型、

①《四库全书》第1167册《石鼓书院田记》,上海:上海古籍出版社,1987年,第323页。

榜样。诸生长伴先贤，仰而瞻其容，俯而读其书，观摩实践，日积月累，必能进德修业，卓然成为有用之才。

书院祭祀活动实际上是一个向院中诸生展示儒学礼仪的过程，实为形象而生动的教育形式。透过庄严神圣的祭祀礼仪，院中诸生还可感知先贤先儒的人格魅力，感生成圣成贤之志。这样，祭祀就具有了人格教育与传统教育的功能。

6. 学田

学田【图3–6】是书院赖以生存和发展的基础，在南宋受到理学家们的重视。中国士人自古即多贫寒，虽号称“四民之首”，但农工商各有常业，而惟士无恒产。因此，“有屋以居，有田以养”①，就成了书院建设者们追求的目标。将经营学田和藏书、祭祀等并视为书院的基本规制，在官府和民间已经成为共识。学田来源，有朝廷

图3–6 白鹿洞书院学田

赐田，地方官府拨田【图 3-7】、拨钱，政府官员个人捐俸市田，民间家族或个人捐私田以教族里子弟，书院自筹，凡此种种，表明书院的田产经营已经多头并进，钱粮并存，足以为书院持久生存和发展提供可靠的经济保证。在书院的内部

图 3-7 贵生书院官田碑

规制中，学田经营，其所处的地位非常重要。“院有田则士集”，“院无田则士难久集，院随以废”，“以养士不可无田，无田是无院也”。[1]正因为如此，我们一直强调学田的重要性，将其和前贤所谓讲学、藏书、祭祀三大事业并举，合称为书院的四大基本规制。

综上所述，形成于北宋的书院讲学、藏书、祭祀、学田四大基本规制，经由南宋理学家的努力，扩展为研究、讲学、藏书、刻书、祭祀、学田六大事业。

二　书院的制度化建设

制订学规、章程，规范和约束书院师生的言行举止，劝善规过，提升品位，是书院制度确立的一个重要标志，也是南宋理学家们对书院建设所做的重大贡献。

南宋的书院学规，也作规约、学则、规式、揭示，最早的是吕祖谦的《丽泽书院学规》，而影响最为深远的当属朱熹《白鹿洞书院揭示》，后来成为书院精神的象征，推行天下，成为所有书院的共同追求。先是，绍熙五年（1194）朱熹任潭州知州重建岳麓书院，将《揭示》移录其中，史称《朱子白鹿洞教条》【图 3-8】，传于湖湘。淳祐元年（1241），宋理宗皇帝视察太学，手书《白鹿洞书院揭示》赐示诸生。其后，或摹写，或刻石，或模仿，遍及全国书院及地方官学。于是，一院

①［明］娄性：《白鹿洞学田记》，《白鹿洞书院碑记集》，南昌：江西教育出版社，1995 年，第 62—63 页。

图 3-8《朱子白鹿洞教条》

之“揭示”，遂成天下共遵之学规。而随着中国书院制度之推广，它又东传朝鲜、日本，不仅当年奉为学规，至今尚有高揭而作为校训者。

学规的内容【图 3–9】，因时因地因院而各不相同，包罗甚广，约略而言，则有三端：一是确立办学宗旨，宣示书院教育的方针，为诸生树立鹄的，为同人确立目标，意期立志高远，树立正确的人生理想。二是规定进德立品、修身养性的程序和方法，既多理性之分析与规劝，更重日用伦常规范的建立。三是指示读书、治学的门径和方法，多为山长半生攀登书山、畅游学海经验的总结，言出肺腑，语凝心血，无论是正面的引导，还是反面的戒饬，皆得视作书院教育实践经

嶽麓書院學規
一時常省問父母　一朔望恭謁聖賢
一氣習各矯偏處　一舉止整齊嚴肅
一服食宜從儉素　一外事毫不可干
一行坐必依齒序　一痛戒訐短毀長
一損友必須拒絕　一不可閒談廢時
一日講經書三起　一日看綱目數頁
一通曉時務物理　一參讀古文詩賦
一讀書必須過筆　一會課按刻蚤完
一夜讀仍戒晏起　一疑誤定要力爭
乾隆戊辰春王文清九溪甫手定
受業

图 3–9《岳麓书院学规》

验的理论结晶。

南宋的书院章程，又作规程、学榜。状元徐元杰的《延平郡学及书院诸学榜》，是现存最早的章程，但与官学共享，相比之下，稍后的《明道书院规程》则更加纯正。与学规的远大追求不同，章程强调细密的做法和可操作性，内容涉及招生、考试、奖惩、平日功课、教材、簿书登记、祭祀仪式、讲学方法、请假、经费等等，皆是具体而硬性的规定，意在从各个侧面去维系书院的正常运作。它是书院制度具体而生动的反映，也体现书院管理水平的高低。

南宋是书院管理体制形成并得以确立的重要时期，南宋理学家和书院结为一体，赋予书院更多的学术教育理念，使书院承担起研究学术、发展教育、推行教化的重任，其管理亦借鉴官方学校、禅林精舍、道家清规，形成各种制度。诚如朱熹所称“近世于学有规”，制度化管理成为一种普遍现象，以吕祖谦乾道年间为丽泽书院制定的《规约》、朱熹的《白鹿洞书院揭示》、陈文蔚的《双溪书院揭示》、徐元杰的《延平郡学及书院诸学榜》，以及《明道书院规程》等为代表，书院完成并确定了自己的管理体系。

书院管理具有体系比较严密、分工明确、便于操作的特点，其内容大体上包括五个方面：一是以山长负责制、堂长负责制为代表的管理体制及与之配套的组织系统，它从组织上保证书院的管理有序有效进行。二是师资管理，主要是山长的遴选，或重学行，或重科举出身，从制度上提出资格的要求，确保书院的学术研究及教学水平能够达到一定的标准。三是生徒管理，入院肄业要经过考试且有名额的限制，学业德行各有要求，言行举止皆有尺度，建立了考勤、奖惩制度。四是教学管理，山长授课依课程定期进行，有授讲、签讲、覆讲等方式方法，生徒学习按早上、早饭后、午后、晚上四节，各定功课，形成“日习例程”，每月定期考试。五是经费管理，经费的筹措、常年开支的分配，各有定规，从经济上保障书院的正常运行。

第三节 “南宋四大书院”的贡献

南宋是书院蓬勃发展的繁荣时期，各地各个时期涌现了很多可以效法的典型，当时的理学家们也推荐了一些书院建设的榜样。这里我们将以清代学者全祖望明确提出的“南宋四大书院”为例，就样板书院对书院制度和学术建设所做的贡献做进一步的阐释。

一 岳麓书院

岳麓书院在乾道元年（1165）重建后，即聘请张栻主讲。张栻反对仅为科举利禄而学的士风，提出了“成就人才，以传道而济斯民”的办学宗旨【图3-10】，深得士人之心，一时学者云集，使岳麓迅速发展成为湖湘学派的中心基地，声名远扬。乾道三年（1167），朱熹慕名不远千里自闽来访，居留岳麓、城南书院两个多月，与张栻讨论《中庸》之义。当时讨论相当热烈，据随朱

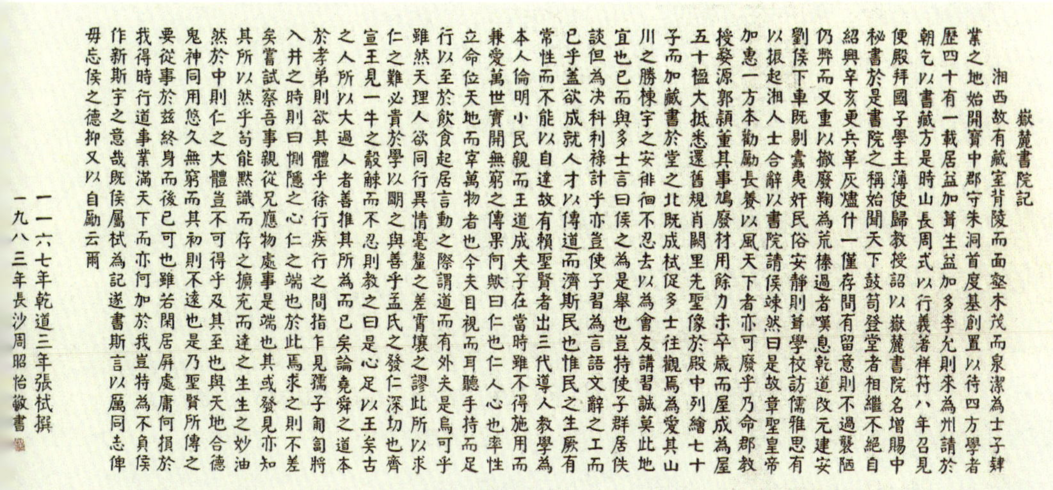

图 3-10 今人手书张栻《岳麓书院记》

熹访学的范伯崇说，仅论中庸之义即“三日夜而不能合”。此次朱、张岳麓会讲，意义重大。首先，它首开不同学派的自觉交流之风，促进了理学的繁荣与发展，而且朱熹在这次活动中收获甚多，既接受了湖湘学派先察识后操存的观点，更从张栻而“识乾坤”。朱熹“始知太极蕴，要眇难名论”[①]的诗作和一年后他还在给朋友的信中大谈“去冬走湖湘，讲论之益不少”的话题，都可以看出岳麓之会对这位学术大师思想体系的形成功不可没。其次，它是书院首次利用会讲这种形式开展学术交流，自此之后，会讲即成为书院重要的学术活动，既丰富了书院的内涵，又促进了书院制度的成熟。

绍熙五年（1194），朱熹以湖南安抚使再到岳麓，大倡其已臻成熟的理学理论。朱、张之学

①［宋］朱熹：《朱熹集》卷一，成都：四川教育出版社，1996 年，第 211 页。

本来同出二程之源，相当接近，而且张栻的文集经朱熹整理后得以刊行于世，故朱熹此次兴学，使朱、张之学成为岳麓书院的学统，而且历代以来皆受到尊崇，诚如元代理学家吴澄所称："自此以后，岳麓之为书院，非前之岳麓矣。地以人而重也。"①

南宋时期的岳麓书院不仅是湖湘学派的基地，形成了自己的学统，而且规制更加完备，有讲堂、藏经阁、宣圣殿等作为号称书院三大事业的讲学、藏书、祭祀的专门场地。学田最多时达到五十顷，其收入为书院的发展提供了足够的保证。张栻所定的办学宗旨以及以《白鹿洞书院揭示》为"教条"，标志着岳麓已经有了明确的教育方针。到绍熙年间，常年居院生徒人数达到四十人，实际上却还不止此数。朱张会讲、朱熹再次讲学时，慕名云集的生徒都超过千人，所以时谚有"道林（寺）三百众，书院（岳麓）一千徒"的说法。书院的管理制度也日趋完善，设置了山长、副山长、堂长、讲书、讲书执事、司录、斋长等职事，分管书院的教学、研究、行政等事务，比之北宋时期仅有山长一人的场面大为壮观。南宋中期，随着湘西书院的重建，又恢复了"潭州三学"的体制，并保持到南宋末年。

当元兵围攻潭州城时，岳麓、湘西书院的学生撤到城内州学上课。危急之时，"三学生"皆

①［元］吴澄：《重建岳麓书院记》，见陈谷嘉、邓洪波《中国书院史资料》，杭州：浙江教育出版社，1998年，第322页。

登城共守，与军民一同抗敌【图 3-11】。及至城破，诸生数百人“多感激义死”。岳麓诸生英勇抗敌的事迹载入《宋史》，则明确无误地告诉我们，南宋书院比之北宋的官学运动已经取得了巨大的成功，它所倡导的理学的普遍原则已经达到改变士气民风的深度。

二　丽泽书院

丽泽书院在婺州（今浙江金华）明招山中。乾道二年（1166），吕祖谦守丧家居，四方学子从而问学，遂建为书院，作为居家会友讲学之地。命名丽泽，乃取“丽泽，兑。君子以朋友讲习”

图 3-11 岳麓书院师生抗元图

(《周易·兑》)之义。吕祖谦在此前后讲学八九年之久，有《丽泽讲义》传世。乾道四年(1168)他首订学规，其后又多次修订，皆收入《东莱文集》。其讲学以“孝悌忠信为本”，“以讲求经旨，明理躬行为本”，倡导“讲实理育实才而求实用”的学风，从游之士甚众，及门高弟有乔行简、葛洪、王介及其弟祖俭、祖泰等人，“极盛”于浙中的婺学遂奠基于此，吕祖谦淳熙八年(1181)逝世之后，其弟祖俭继掌丽泽，并扩建讲堂，建祠纪念，何基、王柏、袁桷等又先后出任山长，吕氏中原文献之学“由是传递不替，其与岳麓之泽并称克世”①，为学人所重，丽泽书院亦因此成为南宋四大书院之一。

丽泽书院规制已相当完备，除了研究学术、创立学派、制订学规、撰写讲义之外，祭祀、藏书、刻书等多种功能齐全。祭祀始于吕祖谦去世后，开始叫祀室，后改名成公祠，其生前好友张栻、朱熹与其同享香火，其弟吕祖俭亦配祀其中。嘉定元年(1208)重建院舍时，建有遗书阁，收藏吕祖谦生前著作，并开始大量刊印图书。至今存世的还有绍定四年(1231)所刻吕祖谦《新唐书略》三十五卷、司马光《切韵指掌图》二卷，被藏书家视为珍宝。淳祐六年(1246)，知府许应龙迁建书院于双溪之畔，并奏请理宗皇帝赐额。其后，宋咸淳、元至元、明成化年间多次重

①[明]黄宗羲:《丽泽诸儒学案》,《黄宗羲全集》第五册，杭州：浙江古籍出版社，1992年，第914页。

建，兴学不断，影响深远，诚如全祖望、王梓材所称，“明招诸生历元到明未绝，四百年文献之所寄也”，实“为有明开一代学绪之盛”。

三　白鹿洞书院

白鹿洞书院毁于北宋皇祐末年，荒废125年后，到淳熙六年（1179），被南康军知军朱熹兴复。由于受阻于朝廷，加之客观条件的限制，当时成效不佳，除建二十余间房舍、收藏《史记》等少数图书、招一二十个学生讲学之外，聘请教师、筹措田产、扩大规模的愿望都未能实现。尽管如此，朱熹兴复白鹿洞书院对南宋书院的发展仍有重大意义，他所制订的凝结着其成熟思想结晶的《白鹿洞书院揭示》，受到学人的重视，到淳祐元年（1241），终于由理宗皇帝亲书颁行太学，成为天下书院、官学所共同遵守的教育方针，影响着南宋及其后世书院的发展。朱熹不持门户之见，延请“论敌”陆九渊到洞讲“君子喻于义，小人喻于利”，亦成为学术发展史上的佳话，促进了理学的发展与繁荣。

朱熹之后，其同道、门人及追随者或兴建，或讲学，使白鹿“气脉赖以不绝”，待到“嘉定更化”，“庆元党禁”完全解除之后，白鹿洞书院获得了真正的发展。首先，经过朱熹之子南康军知军朱在嘉定十年（1217）、江东提刑兼提举袁甫与南康军知军宋文卿绍定六年（1233）两次大的兴建后，院中会文堂、礼圣殿、前贤祠、寓宾馆、斋舍、庖湢等一应俱全，置有贡士庄、西源庄等田产千余亩，藏书也有所增加，并曾出版书籍。朱熹一大批高足弟子在洞中讲学、聚会，发扬师说，光大门户，使白鹿洞成为闽中以外朱子学派的一个学术重镇。

南宋末年，受宋元战争的影响，多数书院毁于战火，白鹿洞则以僻处山中，免受其殃，一直兴学不断。只可惜元至元二十四年（1287），百年儒宫毁于一场火灾。

四　象山书院

象山书院原名象山精舍，在信州贵溪（今属江西）应天山。淳熙十四年（1187），陆九渊【图3-12】应门人彭世昌之请，“登而乐之，乃建精舍”讲学，因山形似象改名象山。象山精舍规制极为特别，它以升堂讲座的草堂为中心，四周则依地形山势，遍布数百间生徒自己构筑的讲庐、书斋。舍中不置田产，生徒或裹粮就读，或耕读相济，饮食皆得自备。舍中教学亦很特别，不立学规，除每日清晨鸣鼓会揖，由陆九渊升堂讲座外，其他时间肄业者归斋舍，各自研习，陆则“随其人有所开发”，“就其长而成就之”，不拘形式。陆氏之学独树一帜，久负盛名，此时又正处于成熟阶段，因此，“四方学徒大集”，平日听讲者数十甚至上百人。陆氏居山讲学五年，前后来

图 3-12 陆九渊

见者逾数千人，可谓“风动当时”。而广泛流传的“非从象山不得为邑寓贤”的说法更告诉我们，当年的象山精舍作为陆学的大本营，在士人中已具有崇高的声誉和广泛深远的影响。

绍熙二年（1191），陆九渊奉诏出知荆门，遂委托高足弟子傅季鲁代掌精舍。次年，陆病逝，不久又遭“庆元党禁”之祸，精舍遂致渐衰。绍定四年（1231），陆学重臣袁甫以交通不便、祠宇荒颓为由，迁建于贵溪城南山峰下，并请赐额为“象山书院”。又购置学田，刊刻《陆象山文集》。经此之后，直至南宋末年，象山书院作为陆学的中心基地，影响不断扩大，以至陆氏门徒虽位至卿相，仍以掌教象山为荣。

第四章　元代书院

元代为金戈铁马的蒙古贵族统治时期，但统治者不仅仅是只识弯弓射大雕的英雄，他们对儒家文化有着应有的尊重，有过创建24400所各级官学，使全国平均每2600人即拥有一所学校的政绩，而对中国士人的文化教育组织——书院也相当重视，多方扶持倡导，蒙古人、色目人和汉人、南人一起加入到书院建设者的行列，创造了“书院之设，莫盛于元”的历史记录。在中国书院发展史上，元代的最大贡献是弥补辽金时代的缺憾，将书院和理学一起推广到北方地区，缩短了新形势下形成的南北文化差距，而与理学一体化的书院，被等视为官学，即书院的官学化，也就成了元代书院最显著的特征。

第一节　元代的书院政策

元朝是中国历史上第一个由少数民族建立的统一政权，它是蒙古贵族凭借强大的武力建立起来的，虽然幅员辽阔前所未有，但其治下的广大汉族读书人，却秉持“春秋大义”，以传统的“夷夏之辨”和新政权长期对抗。食元食（禄）而做宋遗民，成为元初一种普遍的社会现象。面对如此不利的形势，统治者采取了积极而有效的政策，因势利导，不仅成功地化解蒙汉矛盾，而且使汉族士人的书院成为蒙古人、色目人的保护对象，他们甚至致力于建设这一文化教育组织。在民族融合的旗帜之下，书院事业继续向前发展。

一　宋遗民的书院讲学

元代初年，存在一个队伍庞大的宋遗民群体。他们身在元土，心系南宋。认赵宋为君父之国，而不愿与新政权合作，是其典型的行为特征。之所以出现这样一个阶层，与南宋理学家在书院长期倡导的忠孝节义观有着直接的联系。理学家发动书院运动的主要目的之一，就是重建纲常，重塑注重义利之辨的价值观。由于宋长期与辽、金、西夏、元交战，忠孝节义、精忠报国、夷夏之防等思想内容不断在书院的讲堂上讲授强调，不仅深入读书人之心，而且妇孺皆知，形成了“饿死事小，失节事大”的社会共识。宋末，国家存亡之际，他们表现出爱国赴义的忠贞。元初，当武装抗元也改变不了亡国的现实时，忠节之士选择了不与元政权合作的非暴力抗元斗争之路，做起了宋遗民。

宋遗民各种各样，一部分人或身随国去，或悲哭终生，或活埋土室，或平居丧服，或落发为僧，或隐而为道，以极端的方式表现了誓死不做元朝臣民的决心。但其中的大部分人，选择的是归依山林，不仕新朝，身食元食，心系南宋。他们仍然没有忘记读书人肩负的文化与历史使命，强忍悲伤，以“为天地立心，为生民立命，为往圣继绝学，为万世开太平”的崇高与自信，教授生徒，倡明理学，以延续“圣贤一脉”于滚滚“胡尘”之中。这样，绝意仕进、退避书院讲学就成了众多宋遗民的共同选择。

总之，入元不仕，以宋遗民自居，创建书院、精舍讲学，教授后学，表率地方，在江南已经成为一种普遍的社会现象。宋遗民兴学，最直接的结果是造成了元初书院的兴盛，元朝初期，即出现了书院发展的高潮。这在整个书院发展史上是一个特例,前不见于赵宋,后不见于明清。此其一。其二，宋遗民兴学，影响了元代的书院政策，而这一政策反过来又促进书院的发展，是谓良性互动。其三，宋遗民兴学造就了元初书院的独立性格。不与新政权合作的心态，使得宋遗民创办的书院有意无意间皆与政府保持了一定的距离。可以说，书院既是现实世界中的讲学传道之所，也是遗民在心灵守护故国的圣洁之地。元政府对其莫之奈何，虽然承认既成现实，授予山长之职，但徒有其表，其结果仍然是食元禄而做宋遗民。遗民的遗恨与理想及其由此而形成的特有性格气质,决定了元初书院具有更加独立的精神与风貌。

元初三四十年间没有开科取士，科举不可能对书院形成侵蚀困扰，使得书院师生可以专心于讲学明道，落实对“圣贤一脉”的传承。因此，我们完全有理由相信，“宋儒开创的书院精神，在注入元儒的退隐理想之后，继续充满活力，发展下去。不仅把理学家的学术和理想加以发扬光大，也替异族统治下的汉人保存了一份珍贵的遗产”[①]。这就是宋遗民讲学的最大意义之所在。

二　元初的书院政策

元政权是蒙古贵族凭借强大的武力建立起来的，前期统治者所面对的是一个庞大的、曾经

①李弘祺：《绛帐遗民——私人讲学的传统》,《中国文化新论·学术篇·浩瀚的学海》，台北：联经出版事业公司，1981年，第386页。

与其拼死争斗而现在又自视清高不愿合作的群体。这些人在复辟赵宋政权没有可能的情况下，虽然放弃了武力对抗，但怀念故国之心不泯，以纲常伦理为主要内容的理学教育、传统的夷夏观念，使得他们从心理上排斥异族统治，尤其是政治、经济、文化等方面都明显落后于汉族的蒙古贵族的统治。因此，他们视入仕新政权为奇耻大辱和不忠不义，于是就趋避田园，归依山林，或教授生徒、企盼教育救国，或躬耕畎亩、聊以度过余生，步入了另一条抵抗道路。

面对如此形势，夺取政权的金戈铁马是难以维系和巩固统治的，为了长治久安，蒙古贵族不得不以被征服的“南人”为榜样，放弃游牧生活方式，改变经济形态和与之相适应的社会上层建筑，推崇理学，以“汉化”来重铸文明。因此，他们对研究、传播理学的书院采取了保护政策。

早在蒙古国时期，蒙古贵族就十分关注南方的书院，当宋理宗大力提倡程朱理学，将其抬到正宗哲学的地位，颁书、赐额，褒扬研究、传播理学的书院，使其得到长足发展的时候，他们更看到了书院在维系人心、统一思想方面的政治功用，因而开始了实际的建院活动，以与南宋政权争夺士民。太宗七年（1235）元军南下“伐宋”时，杨惟中、姚枢等儒臣即随军网罗南方学者，收集理学著作，十二三年间，始创建太极书院于燕都

（即后来元大都，今北京），供奉理学的开山祖师周敦颐，将在江淮一带所收集的理学典籍贮藏于其中，聘请江汉名儒赵复等主持讲学，“以为天下标准”。其时，随从而问学者“将百人，多达才其间”。

统一战争中，为了防止战争对书院的破坏，中统二年（1261）六月，忽必烈下诏：“宣圣庙及管内书院，有司岁时致祭，月朔释奠，禁诸官员使臣军马，毋得侵扰亵渎，违者加罪。”（《元史》卷四《世祖本纪一》）对书院等文化教育设施加以保护。元军在作战中也确实执行了保护书院的诏令，在严酷的战争中，元统治者也没有以驻军为由，听任军队在书院宿营，“令书院依例复旧”，讲学不辍。然而，战争毕竟是残酷的。尤其是深受理学熏陶的南方士人，多具民族气节，他们进行了顽强的抵抗，而此时的元兵仍有“屠城”遗风，因此，忽必烈的保护政策难免成为具文，有很多书院在统一战争中遭到破坏。

全国统一之后，元统治者重申对书院的保护政策，并且延续几代而不变。对于宋遗民兴学，元统治者也予以保护和支持，对他们所创建、讲学的书院，政府一律予以承认，将书院等视为各级地方官学，对他们授予山长之职。书院山长与学正、学录、教谕、教授一样，正式列为学官，并一体任转迁升。书院生徒也享受各级官学生的同等待遇，“或用为教官，或取为吏属”。在科举制度还没有恢复之时，这一政策对保证书院生源，维系书院的正常教学活动有着重要意义。仁宗皇庆年间，恢复科举，书院生徒可与州县学生一起参加考试，更可堂而皇之入仕。

上述情况表明，元政府的书院政策随着其政治形势的变化经历了一个发展过程。与南宋政权对峙时期，主要是保护书院，并仿而建院讲学，宣扬理学于北方，以彰明崇圣重儒的姿态，从而与南方政府争夺士民之心。夺取全国政权之初，主要采取了准许招师讲学，提倡在先儒、名贤过化经行之地建立书院的措施，以顺其怀念故旧的“遗民心态”，实际上是以学术自由来缓解政治上普遍的反抗情绪。同时又将山长纳入官僚体制，通过行政运转如升迁调动等来防止学术自由发展为政治不满或反对势力。经过30余年的经营，到仁宗时期，恢复了科举考试，以功名招纳士人，将反对者变成支持者，进而成为自己队伍中的一分子，最后完成了变“遗民”为“臣民”的工作，进一步扩大了统治基础。

三　元代书院发展概况

有元一代，历世祖、成宗、武宗、仁宗、英宗、泰定帝、天顺帝、文宗、明宗、宁宗、惠宗（顺帝）等，共98年（1271—1368）。统计数据表明，是期书院总数为406所[1]，绝对数字比南宋的442

[1]元代书院统计的最高数字为408所，见王颋《元代书院考略》，载《中国史研究》1984年第1期。

所少一点，而考虑到元代享国时间要比南宋少50余年，其年平均书院数为4.142所，远高于南宋的2.888所。因此，我们可以说，从总体上来讲，元代承南宋蓬勃之势，仍然处在整个书院史的上升发展阶段。

元代406所书院，分布在直隶、河南、山西、陕西、山东、江苏、安徽、浙江、江西、福建、湖北、湖南、广东、广西、四川等15个省区。

①本表据白新良《中国古代书院发展史》第一章第四节制作。斜线前为新建书院数，斜线后为修复书院数。该书以地方省、府、州、县志为中心，以清代政区为单位，分朝分省编排而成。

表4-1 元代书院统计表①

省区	太宗	世祖	成宗	武宗	仁宗	英宗	泰定	文宗	惠宗	未详	小计	合计
直隶	1/		1/				1/	1/	5/	11/2	20/2	22
河南		1/		1/	1/	1/			/1	12/1	16/2	18
山西		1/			1/	1/	2/1		2/	7/	14/1	15
陕西					3/		1/	1/		3/	8/	8
山东		1/	1/		2/			1/	5/	12/1	22/1	23
江苏		2/1	1/1	1/		1/		2/	4/1	7/4	18/7	25
安徽		4/2		1/1				2/	7/	13/2	27/5	32
浙江		8/5	5/	1/	1/1			1/	6/3	14/13	36/22	58
江西		10/2	4/3		4/			2/	11/5	22/28	53/38	91
福建		1/	/1				1/	1/	7/2	5/13	15/16	31
湖北		3/	1/				1/		1/	14/3	20/3	23
湖南		3/1	4/1		2/	2/		1/	3/4	7/3	22/9	31
广东		/2	/2					/2	1/1	2/8	3/15	18
广西			/2						1/	1/	2/2	4
四川		/1			1/		1/	1/	1/	2/	6/1	7

续表

小计	1/	34/14	17/10	4/1	15/1	5/	7/1	13/2	54/17	132/78	282/124	406
合计	1	48	27	5	16	5	8	15	71	210	406	

考察元代书院的区域分布情况，有几个特点值得注意。第一，书院向北推广。南宋失领的直隶、河南、陕西、山西、山东等北方省区，重归中央政府版图，书院再殖其地，填补空白，不仅数量猛增到86所，而且所占份额也超过北宋时期，为全国书院总数的21.18%。

第二，书院分布仍呈地区不平衡之势。书院最多的是江西，以91所高居榜首，最少的是广西，只有4所，两者相差21.75倍，与南宋相比，绝对数字虽已缩小很多，但总体仍呈地区发展的不平衡性。

第三，江西以高出平均数3.36倍的绝对优势，继五代、北宋、南宋之后连续第四次高居榜首，继续充当全国书院建设的发动机，引领着书院向前发展。

第四，以江西为中心，书院的密集区继续扩大，周边的浙江、福建、湖南、安徽皆高于省平均数，其书院占全国总数的59.85%。

元代各朝中，书院数量最多的是元末的惠宗（顺帝）朝，有71所，开国时的世祖朝排第二，有48所。按年平均数计算元代书院的发展有着相对的平稳性。

元代民间力量是书院建设的主力，在官民二者的对比中，它占绝对主导的地位。值得注意的是，以蒙古人、色目人相称的少数民族，他们或官或民，加入到以汉族官绅为主的书院建设者队伍之中，有力地推动了元代书院的向前发展。

第二节　元代书院的推广与官学化

元朝统治者于太宗十二三年（1240—1241），创办太极书院于燕京（今北京），建周敦颐祠，以程颢、程颐、张载、杨时、游酢、朱熹六人配祀，选刻周氏遗书，礼聘江南大儒赵复在那里讲学。史称“北方知有程朱理学，自赵氏讲学太极书院始”。在元朝统一全国前后，忽必烈曾多次颁布法令保护书院和庙学，后来又将书院等视为官学，书院山长也定为学官。因此，元代书院不仅在南方得到继续发展，而且以强劲之势向北方推进。民族文化不绝于金戈铁马的元代，理学之传于北方，主要的功劳应当归于书院。这些都是元代书院推广的表征，而在这个推广过程中，还出现了所谓官学化的问题。

一　书院与理学向北方地区的推广

纵观元代书院的发展历史，它有一个最重

要的特点，那就是填补金代留下的空白，呈现向北推广之势。宋室南迁之后，代之统治北方的金代对书院并不重视，百余年间，我们只能找到 7 所书院的记录。到元代，则改变了这种局面。

表 4-2 宋元两代黄河、长江、珠江流域书院统计表

流域＼朝代	宋代		元代	
	书院数	百分比	书院数	百分比
黄河	13	3.26	43	18.94
长江	297	74.44	152	66.96
珠江	89	22.30	32	14.10
合计	399		227	

从以黄河、长江、珠江三大水系为单位的分布情况来看。宋代黄河流域的书院最少，而且与长江流域相比，总院数相差约 21 倍之多，真可谓微不足道。到元代，黄河流域的书院超过珠江流域，上升为第二位，与长江流域相比，总院数也只有约 3 倍的差距，不再有惊人的悬殊了。通过这种比较，我们可以看到书院向北方推进的总趋势。

元代书院之所以北移，有一个重要原因，就是受到科举取士南北配额并倾向于北方这一政策的刺激。按《元史 · 选举志》载，书院诸生可以参加科试，而皇庆初年恢复科举考试时规定，北方的中书省及河南、陕西等行省取士额要比南方

各行省高很多，这促进了北方书院的发展。除此之外，元政府为巩固其统治而利用书院推动理学的北移与发展，以及接受“汉化”的蒙古、色目等少数民族士人急起直追，参与书院建设，也是书院向北推进的重要原因。

元代书院的北移，还有一层意思，即程朱理学随书院一体推广应用于北方。由于南北“声数不通”，元代以前盛于南宋的理学，并未传到金代统治的北方，北方士大夫津津乐道的儒学还只是章句之学。

太极书院是元代建立的第一所书院，其创建时间在元朝还没有建国的太宗十二三年间（1240—1241），[①]它与姚枢和赵复的苏门讲学对程朱理学的北传做出了同等重要的贡献。太极书院、雪斋书院是理学在北方传播的大本营，而两书院的学生则成为薪传之火散布于北方大地，最终实现了理学的北移。这些学生以许衡、刘因最为有名，他们同为“北方两大儒”，与南方的吴澄一起，被黄宗羲尊为元代学者中的“三先生”。刘因以父祖为金朝臣民而不仕于元，是与“宋遗民”并存于元初的“金遗民”，在静修书院讲学20余年，人称静修先生，门人甚众，其学“昌大于时”，著有《四书精要》30卷等阐发程朱理学。许衡是元代理学重臣，元代学者尊其为“儒师”“儒宗”，明清

①太极书院的创建时间，史有蒙古太宗八年（1236）、宋理宗嘉熙二年（1238）冬十月、庚子辛丑间即太宗十二三年（1240—1241）三说。太宗八年说见《续文献通考》卷五〇、《元朝典故编年考》卷一，皆出自后世所编政书。嘉熙二年即太宗十年（1238），其说见《宋史纪事本末》卷二六，其书亦出后人之手。太宗十二三年说见元儒郝经《太极书院记》，属当朝人记当朝事。三说之中，本书取太宗十二三年说。

学者称他是“朱子之后一人”，长期以来被看作是儒家道统在元代的接续者。他又历官京兆提学、国学祭酒、左丞等，位列台辅，是元代实行“汉化”的主要策划者之一。他通过其影响力将其师传的朱熹《四书集注》定为科举考试的程序，使其成为真正影响全社会读书、讲学之风的官方之学。

二　元代书院的官学化趋势

在元代书院的发展史上，与书院北移同等重要的问题是书院的官学化趋势。书院起源于官府和民间，历代皆有官办和民办的书院，但官办书院不等同于官学，民办书院也不等同于私学。官学是古代中央和地方政府创办并管辖的学校，其管理者由政府委派，经费由政府提供，教学内容由政府规定，完全服从国家需要，被纳入统一的国家学制系统。书院是中国士人为了满足自身日益增长的文化教育需求，在新的历史条件之下，整合传统的官学、私学以及佛道宗教教育制度的长处之后，创造并日渐完善的一种全新的学校制度，它既与官学、私学相联系，又独立于官学和私学。而书院的官学化，就是书院朝向官学变化，逐渐失去其独立性的过程。

元代书院的官学化是政府采取一些重要措施而逐步实现的。严格报批手续，以申报制度控制书院的创建与兴办，是官学化的重要措施之一。

元初，为了争取南宋遗民，政府曾倡导、鼓励创建书院，有力之家，好事之人，都可以兴修书院。士民建院之后，政府例多设官赐额，以为拉拢。但到至元后期，这种情况有所改变，兴建书院需要上报官府、有司会议、中书省批准、行省设官等一定的程序,已经不能由个人意志随性而建了。一般来讲，书院兴办前要层层申报，待批准之后才能动工，建成后还得报官，请设山长等教官管理。申报创建书院的公文需经县、州、府、廉访司、都使者、路、行省、宣慰使、中书省、吏部、礼部、集贤院、国子监等各级职能部门审查核准，逐级上报，获批之后，又要次第返回，其间是一个漫长的历程，甚至还要通关节走后门。这些复杂的程序，繁难的手续，层层的审核，使得元政府加强了对书院的控制，从源头上杜绝了书院游离于政府之外的可能性。

委派山长，并将其纳入学官体制，一体铨选考核升转，是元政府控制书院、实施官学化最重要的措施。至元二十八年（1291）开始，山长的任免权开始掌握在礼部、行省、宣慰司手中，政府通过山长可以控制书院的内部事务。山长与教授、学正、学录、教谕一样，同属地方教官，并且一体参加考试、升迁，政府正是通过这种考选升迁，而将山长纳入学官系统，并置书院于官学体制之中。山长虽然地位较低，被称作“冷官”，但它毕竟是作为“正员”而列入国家官制系统，并通过这个系统而进行升迁转任。

拨置学田，设官管理钱粮，控制书院的经济命脉，是元政府实施官学化的第三大措施。至元二十八年(1291)，元廷令各地书院在山长之下，“设直学以掌钱谷”(《元史》卷八十一《选举志一·学校》)。书院的产业，除了官府拨置之外，还有士民官绅捐置、书院自置等其他来源。必须指出的是，无论其田地产业来源于何处，一入书院，即成“学产”，皆由“直学”掌管出纳。元政府就是通过这样一些官职，将书院所有的产业掌握手中的。因为有直学、钱粮官、提点钱粮等专职官员经营，书院的学产规模，在元代达到了一个新的高度。

元政府对肄业书院的学生也有严格的要求，规定“自京学及州县学以及书院，凡生徒之肄业于是者，守令举荐之，台宪考核之”(《元史》卷八十一《选举志一·学校》)。学成之后，则视情况给予出路，“或用为教官，或取为吏属”(《元史》卷八十一《选举志一·学校》)。恢复科举制度之后，书院生徒与各级官学生徒一样，有资格参加考试，进入仕途。书院被纳入国家统一的学制系统，与各级官学一体看待，书院生徒享有各级官学学生同样的权利、同样的待遇和同样的出路。

各级官府直接创办书院，是元代书院官学

化的一个标志。元代中央政府除创建太极书院于大都之外，还以谕旨形式下令创建西安鲁斋书院、南阳诸葛书院。地方政府除了借审批制度参与书院建设之外，还积极创建书院，有元一代全国有50所以上的官办书院。官办书院与官学同创于官府，具有同源性。这种同源性使书院拥有官府的强大力量，可以获取合法甚至正统的社会身份，克服官本位社会大环境对其造成的生存困难，并不断发展壮大。同时，它也带来了官学的影响与传统，使书院具有某些与官学相似甚至相同的组织形态特征，形成正规化、制度化特色。

以上皆为元代书院官学化的种种表现，说明在当年确实出现了一种官学化的趋势。书院官学化对元代书院发展的积极作用，具体而言，有如下几个方面。其一，官府的介入，既扩增了书院的数量，又维持了书院的正常运作。如果说创建书院是以民间力量为主的话，那么在维持书院的日常经费开支以及院舍维修方面，则是以官府的力量为主。各级官府的官员在自己的任期内动用“官费”，对破败或简陋的书院进行改造、重修与扩建，并且想方设法为书院置备学田，使其拥有恒产。他们或利用手中的权力，将荒闲的土地、官地、没官之田划给书院，或带头捐资，倡率官绅买田，其规划周全，用意深远，实属难能可贵。其二，官学化使得书院及其产业成为官府财产的一部分，政府的保障措施为其提供了法律保障，保证了有责任心的山长、学官、地方官府在与侵夺书院财产的各种势力进行斗争时，可以立于不败之地。可以说，书院的官学化，为保护书院财产、维持正常的教育秩序，树起了一道有力的屏障。其三，书院的官学化将书院纳于国家统一的学制体系，从法律上讲，书院与路、府、州、县各级官学，有着同样的身份，享受同样的待遇，书院山长本身就是学官，书院的生徒与官学生徒有着同样的出路。这些措施保证了书院师生的权益，无疑会有力地推动书院事业的发展。

当然，书院的官学化倾向也有很多弊端，给书院的发展带来了消极的影响。设山长为学官，用直学管钱粮，即“置官师”与“官总其费”，是书院官学化的最主要标志，而其弊病也主要是由此而来，如为教者敷衍塞责、为学者追求功名利禄、学术空气淡薄、教学内容僵化等。要想克服这些弊端，办法就是实行“去官学化”。特别指出的是，当时的著名学者如吴澄、虞集、程文海等发出“去官学化”的呼声，对消弭官学化所带来的弊端起到了积极作用，在一定程度上延缓了元代书院的官学化进程，使得书院在整体上不至于完全蜕变成官学。

此外，民间一直存在着“不隶于有司”的民办书院，它们与私学具有同根性，同创于私人，使得书院可以赢得民间广大士绅留意斯文的热情与世世代代的支持。虽较之官府力量显得有些单薄，但它绵长、持久而深厚，有效地解决了官力式微或消失所带来的困境，推动书院的成长与发展。同时，它也带来了私学的传统和风气，使书院具有某些与私学相似、相近甚至相同的精神风貌，形成自由讲学、为己求学、注重师承等气质性特色，对书院的官学化有一种无形的影响与制约。因此，官学化终究只是一种趋势，尽管势头强劲，但书院与官学并不能画上等号。

第三节 西湖书院

元代，蒙古族入主中原，他们有着骏马奔腾的热情和弯弓劲射的精神，勇于尝试，不断进取与开拓，使书院获得了更大更广阔的发展空间。蒙古人、色目人加入书院建设队伍，苗族书院的创建，文、武、医综合书院的出现，双山长制、山长改教授、训导主持教学等制度的创新与变革，凡此等等，皆略而不论，仅以西湖书院的刻书事业来做说明。

一 西湖书院的历史沿革

西湖书院在杭州西湖之滨，其址原为宋代名将岳飞故宅，后改为南宋国子监，规制宏大，监中所刻经史群书皆聚藏其中，设书库官管理。宋亡学废，改为肃政廉访司治所。至元二十八年（1291），江浙行省长官徐琰改为书院，至元三十一年（1294）始得完成。当时书院有礼殿祀孔子，三贤祠祀唐刺史白居易、宋处士林逋、宋杭州知州苏轼，有讲堂、斋舍以处师弟子员，有尊经阁、书库收藏书籍、书板，有义田岁入以供二丁祭享及书刻之用。西湖书院任务明确，除了有师弟子员进行教学之外，主要就是“收拾宋学旧籍”并从事“书刻”工作。之所以形成这种局面，是因为它继承了南宋国子监数额巨大的书板。据记载，南宋国子监所刻“经史子集无虑二十余万”，书院建成时，“皆存焉”，保存在尊经阁、书库之中。在山长、司书（又作司存）领导之下，西湖书院师生一方面教学授受，一方面整理旧籍，刻书编目，进行着前所未有的工作。正因为杭州西湖书院从事着开创性的工作，其创建伊始，就大有名于时。

至元以降，西湖书院一直兴学刻书不断，其间经延祐三年（1316）、后至元元年（1335）两次扩建，成为浙江地区最大的书院。至正十五年（1355），时值徐寿辉、张士诚、韩林儿等起兵反元，杭州城“燹于兵”，书院废坏停学。经浙西肃政廉访使丑的、浙省丞相金紫达、郡监谔勒哲特穆尔、江浙行省中书平章政事兼同知行枢密院事张士信等人的努力，书院很快得到重新修复，教学刻书，系斯文于不绝之线。明洪武初年，院藏图书和书板则奉命北移南京国子监妥为保管，书院改为仁和县学。至此，作为元代国家重要出版中心和著名教学基地的西湖书院，算是完整地画上了句号。

二 西湖书院的规制与组织

西湖书院由南宋国子监改建而成，规制完备。讲堂和志仁、集义、达道、明德四斋，“以居来学”，“以处师弟子员”，为讲学之区。大成殿（礼殿）、三贤祠（尚德祠）、尚功祠则为祭祀之所。尊经阁、书库为收藏图书和书板的专门场所，另外大成殿、彝训堂也曾收藏图书与书板。学田则“供二丁祭享及书刻之用”，据统计，有元一代西湖书院自置田产与捐助田产，计有田1923亩多，山21亩多，房屋12间。除了学田之外，生活设施一应诸全。所谓规制宏大，“书院之盛遂为浙东西之冠矣”[①]。

为了适应书院教学、刻书、藏书三事并举，尤其是以修补宋学书板、刊印图书为主的工作需要，西湖书院的组织结构也有别于元代一般书院。首先，置山长一员，主持教学工作之外，还要多出一份宋代太学书库官掌管“所刻经史群书”的工作任务。平白多了这一层责任，西湖书院山长的任职条件也就相应地会提高一些。西湖书院山长著名者，前期有黄裳、陈袤、张士信，泰定年间率师生完成《西湖书院重整书目》。其中张士信后来以地方长官于至正年间重修书院，再整书目。后期有方员至元年间刻《元文类》，有应子尚、

①贡师泰：《重修西湖书院记》，《全元文》第45册，南京：凤凰出版社，2004年，第224页。

沈裕至正年间主持院舍修复与书板整修。山长之外，西湖所设还有“教导”如胡师安，“教谕”如张庆孙，“直学”如朱钧等职事，此皆照常规所设，职责与一般书院相同。

其次，专门从事刻书、藏书工作的职事。如“司书”，又作“司存”，管理尊经阁、书库之书与书板，“收拾宋学旧籍”是其主要责任，知名者有泰定年间的王通、至正后期的秋德桂。如“书手刊工”，至正年间整理书目时取用了92人。如“对读校正”，出任者有余姚州判官宇文桂、广德路学正马盛、绍兴路兰亭书院山长凌云翰、布衣张庸、斋长宋良、陈景贤等人，见于至正年间整理书目，多为临时设置。另外还设有监督、董事之类的临时性职务，皆以本职兼任类似现代项目主管的角色，督办书院刻书之事。凡此数职，例多因事设置，罕见于其他书院，可以视作西湖书院的组织特色，它是书院成为国家出版中心的组织保证。

三　西湖书院的刻书事业

利用南宋国子监旧有藏书、藏板，校勘经史典籍，整理图书，编制目录，并在其基础上大量刊印图书，是西湖书院的最主要任务，此即所谓“收拾宋学旧籍”，从事“书刻”的工作。从传世书目和传世图书实物来看，西湖书院“书刻”数量之大，质量之高，既称闻于当时，更有名于后世，将其称作元代国家出版中心实在当之无愧。

西湖书院刻印之书甚多，如至正二十三年（1363）刻宋人岳珂《金陀粹编》二十八卷、《续编》三十卷，至正年间刻元人程文《蚊雷小稿》一卷、《师音集》《黟南生集》等，皆有可圈可点之处。而其最具影响的还是整理、厘补、刊印宋学旧籍和出版当代重要典籍这两个重大项目。

整理院藏宋板书，从现有文献记载来看，始于江浙廉访使周德元，时在延祐六年（1319）。而真正有组织的大规模行动，则见于至治、泰定、至正年间。如至治癸亥（三年）夏至泰定甲子（元年）春整理书板，历时约三个季度（1323 夏—1324 春），整理出经史子集图书各为 51、36、11、24 种，合计 122 种，并著录成《西湖书院重整书目》，这是书院历史上第一个刻书书目，也是中国印刷出版史上最早的刻书书目之一。此目以正书刻石传世，到民国六年（1917），仁和人吴昌绶以《元西湖书院重整书目》为题将其收入《松邻丛书》甲编。

到至正十七年（1357）九月，"尊经阁坏，书库亦倾圮"，"书板散失埋没，所得瓦砾中者，往往刓毁蠹剥"[①]，难以刊印。于是，左右司员外郎陈基、钱用受命主持修复经阁、书库、书板。此次工程费时近 10 个月，"所重刊经史子集欠缺，以板计者七千八百九十有三，以字计者

①李修生主编：《全元文》第 50 册，南京：凤凰出版社，2004 年，第 309 页。

三百四十三万六千三百五十有二。所缮补各书损裂漫灭，以板计者一千六百七十有一，以字计者二十万一千一百六十有二。用粟以石计者一千三百有奇；木以株计者九百三十，书手刊工以人计者九十有二。对读校正，则余姚州判官宇文桂，山长沈裕，广德路学正马盛，绍兴路兰亭书院山长凌云翰，布衣张庸，斋长宋良，陈景贤也”[①]。陈基作《西湖书院书目序》以记其事。据此我们可以大概了解其图书生产的作业流程与操作情形。唯此次整编书目以刻本入库收藏，时代久远，今已失传，惜乎不能将前后38年间的出书情况进行比较研究。

西湖书院除了修补20余万宋刻旧板，印刷经史子集之外，还刊刻新书，出版了很多当代人的著作，其中最有名的是马端临的《文献通考》和苏天爵的《国朝文类》。《通考》是继唐代杜佑《通典》之后的又一部典章巨制，全书348卷，卷帙浩繁。今重庆、北京图书馆、北京市文物局藏有泰定元年(1324)原刊本。后至元元年(1335)，池阳人余谦出任江浙儒学提举，发现错误，鉴于此时马端临已经逝世多年，遂请其女婿与西湖书院山长、教员一起校正刊补，后至元五年（1339）始得重予印行。

《国朝文类》成于后至元二年（1336），以歌、诗、赋、颂、铭、赞、序、记、奏议、杂著、书、

①李修生主编：《全元文》第50册，南京：凤凰出版社，2004年，第309页。

说、议、论、志、碑、传为类，搜罗元初以来的文章，共 70 卷。是年十二月，翰林国史院侍制谢端，修撰王文煜，应奉黄清老等上书，建议中书省刊板印行全国。中书省札咨礼部，遂议准刊印。于是下令江浙行省，“于钱粮众多学校内委官提调，刊勒流布”。行省决定由西湖书院承担此任，并派江浙等处儒学提举司副提举陈登仕“不妨本职”“监督刊雕”。令下，西湖书院山长计料工物价钱，进行成本预算，所需经费则分派行省所属各处学校承担，例从“赡学钱”项下支出。大约用了一年半时间，全书雕刻完毕。《国朝文类》一书的刻印，前后历经六年，由大都到杭州，涉及皇帝圣旨、中书省、礼部、翰林国史院、太常礼仪院、江浙行省、江浙等处儒学提举司，以及江南浙西、福建、江东三道肃政廉访司等政府部门，最后由西湖书院具体承担，其间往复规划，公文往来，实属典型的官府行为。

综上所述，杭州西湖书院因得南宋国子监 20 余万书板之基业，又蒙中央、地方各级行政的关照和支持，实际上已经成为元代一个重要的国家出版机构，刻书已经成为其主要的职责：院中山长也以“对读校正”“比对校勘”“编类”书板书目等为常务；作为学生的斋长也加入到校勘工作的行列；与一般只有教学职能的书院不同，它还拥有“书手刊工”；为了刊刻重要的图书或修补院中书板，地方行政官如江浙等处儒学提举司副提举陈登仕、余姚州判官宇文桂等可以本职提调或兼理其事，其他学官也可到书院临时任职；刊印书籍百余种，书板之数常达数千，以字计者常有数百万之巨。凡此种种，都足以证明西湖书院是一所以刻书为主的书院，其图书生产已有较大的规模，并具有较高程度的专业化水平，已经成为大型的国家刻书中心。

西湖书院保管、整理的宋国子监书板，以及书院本身新刻和修补的书板，到洪武初年全部北移南京国子监，并由国子监再行刊印传世。后世的部分明刻“监本”，实即经西湖书院保管修补的南宋“监本”，经元代西湖书院藏板，至明代据以印行的。也就是说，西湖书院不仅自身所刻“书院本”精良完美，多有传于今世者，就是在保护南宋监本这件事上，也是功德无量，其保存与传播经史典籍所做的历史贡献应该给予充分的肯定与褒扬。由此可见，西湖书院不仅在元代是重要的国家出版中心，在整个中国出版史上也有着重要的承前启后的历史地位。

第五章　明代书院

在书院发展史上，明代承前启后，地位十分重要。书院因为明初朝廷以官学结合科举制度推行程朱理学，而有过将近百年的沉寂，但在与王阳明、湛若水的学术思想重新结合后，带着冲决长久压抑的力量，造就了一场倾动朝野的思想解放运动。书院再度辉煌，得到了突飞猛进的发展，数量超过此前唐宋以来历代书院的总和，呈现了前所未有的盛局。乘学术辉煌之势的读书人，结成诸多学派，不仅涉足地方文化建设，也在民间规范百姓，移风易俗，书院也因此具有了平民化特色；他们以同志相尚，品评人物，讽议朝政，使书院又具有了社团化、政治性的倾向。

第一节　明代前期书院的生存状态

元代末年，战火纷繁，大江南北，灰飞烟灭，宋元以来兴盛全国的书院大多毁于战乱之中。20余年残酷的战争，使得书院这一文化教育组织勃兴的势头大大削弱，明代初年，书院步入其发展的“低谷”。以下我们将着重分析明初书院的生存状态及其摆脱困境走出“低谷”的历程。

一　百年沉寂

明代前期书院的发展历程，又可以分为两个阶段。第一阶段，自洪武至天顺年间（1368—1464），共97年，创建兴复书院共计143所。这个纪录非常可怜。和元代相比，时间仅少一年，书院总数却只有元代的35%，此所谓比上严重不足，而放在整个明代比较则更差。时间占1/3，书院则只占总数的7.3%，可谓微不足道。因此，明初近百年，书院基本处于沉寂无闻的境地。与此形成鲜明对照的是明代官学的兴盛，“天下府、州、县、卫、所，皆建儒学，教官四千二百余员，弟子无算，教养之法备矣。……盖无地而不设之学，无人而不纳之教。……此明代学校之盛，唐宋以来所不及也”（《明史》卷六十九《选举志一》)。

导致学校兴盛、书院沉寂的原因是多方面的。首先，它是明初朝廷书院政策的必然结果。洪武元年（1368）明太祖朱元璋下令“改天下山长为训导，书院田皆令入官”（雍正《宁波府志》卷九)，改山长为训导，实际上就是将书院降级，进行冷处理。而将书院赖以生存的学田入官，则其要从经济上搞垮书院之意不言自明。洪武五年(1372)，朝廷又对书院采取了进一步的禁绝措施，下令“革罢训导，弟子员归于邑学，书院因以不治，而祀亦废”（雍正《宁波府志》卷九)。朱元璋定下的祖宗之法，其结果势必造成明初书院的冷寂无闻。

其次，与“革罢”书院同时并行的是大力倡导和发展各级官学教育。明初奉行“治国以教化为先，教化以学校为本”(《明史》卷六十九《选举志一》)的思想，作为其文教政策的主干。早在元至正二十五年（1365），朱元璋就改应天府学为国子学，称帝后改建于南京鸡鸣山下，称国子监。永乐年间，国都北迁，又增国子监于北京，于是中央有南、北国子监并立。洪武二年(1369)，令郡县皆立学校，于是地方官学纷纷兴复。遍布全国的学校，优厚的生活和政治待遇，使天下士子无不乐而趋之，由是学校兴盛一时，以至有“无地而不设之学，无人而不纳之教”的记录出现。在城乡地区广泛设立社学，将其纳入官学体系，以教养童蒙子弟，是明代文教政策的重要内容。非常明显，社学的广泛设立，将原本属于乡村家族书院的生源抢占殆尽，严重制约了明初书院的发展。

再次，明代前期书院的落寞沉寂，还有一个重要原因在于明朝是推翻蒙古贵族而建立起来的汉族地主阶级政权，它以“驱逐胡虏，恢复中华”为口号，对于素有夷夏之防而处压迫之下的汉族士大夫有很大的感召力。因而，他们纷纷“出山”，参与其政。很少有士人不肯归服退而讲学书院，几乎不存在元初遗民推动书院发展的问题。

最后，明政府极力提倡科举，实行八股取士，并将举业与学校紧密结合。规定“科举必由学校”，学校教育与科举的联系更加密不可分。士人为博取功名则唯有趋就学校，书院之学遂日渐冷清；政府既获隽于学校、科场，更无意再兴书院。因此，明初百余年间，书院不得振兴，相对沉寂。

随着时间的推移，中央对书院的压制在民间，尤其是远离政治权力中心的乡村社会，开始解构于官绅士民对教育的渴求。事实上，正统以后，地方官绅致力于书院建设的举动，已经逐渐影响、感动朝廷，中央政府一改原来对书院的压制态度，开始支持书院。

二　近半个世纪的恢复

明宪宗成化至明孝宗弘治年间（1465—1505），共41年，为明代前期书院发展的第二个阶段。是期时间比第一阶段少56年，但创建兴复书院数却多出30所，达到173所，从总体上显现出恢复性发展的势头。纵观其表现，主要有两个方面。首先，朝廷对书院之设已无禁忌，皇帝赐予院额、令地方官建复书院的事时有发生。这些都说明，朝廷已开始改变近百年来轻视书院的政策，表明了对书院予以支持的态度，这为书院的复兴铺平了道路。

其次，宋元时期一些著名书院相继得到修复，并开展了卓有成效的教学活动。如湖南长沙岳麓书院【图5-1】，宣德七年（1432）、成化五年（1469）曾两度修复了一些建筑，尽管没有恢复教学，但为重振奠定了基础。到弘治初年，经陈钢、杨茂元、李锡、彭琢、王瑫等历任长沙府行政长官的经营，得以规复旧观，生徒云集，在院长叶性的主持下，重新开始了其“振文教于湖南，流声光于天下”的辉煌历程。又如江西庐山白鹿洞书院，正统三年（1438）重建，结束了其

图 5-1 岳麓书院门联

荒废 87 年的历史，天顺年间重新开始了教学活动。成化年间，江西各级地方长官竭力经营，“务使今日白鹿洞，即昔日白鹿洞”，书院基本恢复宋元盛期的规模，吴慎、查杭、胡居仁、方文昌等先后主持洞中教学。正是这样一批宋元就享有盛誉的书院的兴复、讲学，带动了各地的书院建设，书院的发展从此即呈上升趋势。

成化、弘治年间，书院开始复兴，有诸多历史原因，其中最直接也最重要的是学校与科举的结合及其带来的危害。科举与学校的紧密结合，既促进了学校的发展，也给它的衰落埋下了种子。八股功名，本来引人于利禄之途，它使学校变成了科举的附庸，而其腐败更贻害学校教育。学校之弊有如下数端：一是师资不够，质量低下。洪熙元年（1425）就缺1800余员，即全国有43%的教官位置空缺。后来多次下令举人充任教官，但“举人厌其卑冷，多不愿就”，不得已只得取用岁贡生，而岁贡生的“言行文章不足为人师范”。第二是学生的质量下降。英宗之际，边储空虚，国家为巩固边防，始开生员纳粟免试进入国子监读书之例，于是在地方学校和南北国子监就出现了许多纳绢、纳粟、纳米、纳银等出身的生员、监生，他们只知“财利可以进身，则无所往而不谋利”（《明宪宗实录》卷四十）。三是学校成为利欲之所。明中叶以后，学校诸生认真读书的很少，即使用功，也是津津于八股，大部分人是冲食廪免役等优待而入学籍的，形成了“衰老残疾并不堪教养之人滥溶在学”（《明孝宗实录》卷二百一十二）的局面。

教育乃治化之本，出现这种情况使很多有识之士忧心于怀，历朝都不断有人提出整改措施，但累不见效。久而久之，人们对其渐失信心，并反其道而行之，转而倡导书院教育。学校不行了，以书院取而代之，希企借以继续国家的教育职能，似乎成了当时知识界的共识。于是，久受冷落的书院又逐渐成为社会各界关注的“热点”，并得以开始走出低谷。

三 明代书院发展概况

明代历太祖、惠帝、成祖、仁宗、宣宗、英宗、代宗、宪宗、孝宗、武宗、世宗、穆宗、神宗、光宗、熹宗、思宗十六帝，共 277 年（1368—1644），有书院 1962 所。此前唐、五代、宋、辽、金、元所有书院的总和，也不及明代的一半，这标志着书院在经过 750 余年的发展之后，到明代出现了繁荣昌盛的局面。近 2000 所书院分布在直隶、河南、山西、陕西、甘肃、辽东、山东、江苏、安徽、浙江、江西、福建、湖北、湖南、广东、广西、云南、贵州、四川等 19 个省区。其分布特点，总体上是由先进发达地区向边远落后地区推进，读书种子已经撒向神州边陲和发达省份的穷野之地，这标志着书院的发展进入了成熟的繁荣阶段。书院向边陲之地推广明显，西南的云南，西北的甘肃，东北的辽东地区，都是第一次出现书院的记录，意义非比寻常。江西以绝对优势，连续第五次高居榜首，广东以 207 所书院而进入到书院最发达省区行列，成为书院发展的明星。

明洪武至天顺年间，书院发展处于低潮期。成化、弘治时期，书院开始发展，到嘉靖年间达到最高峰，隆庆时稍显回落，但很快就在万历朝再度攀高，形成第二个高峰，之后，昌泰、天启、崇祯年间发展再次趋缓。从总体上看，明代书院的时间分布是前期很少，中期大量集中，在正德、嘉靖、隆庆、万历四朝形成高潮，后期较少，但比前期热闹。书院建设力量上，明代是官民两种力量基本相当的时代，虽然官力上升，民力下降，但民力仍然占有重要的地位。

第二节　明代书院的再兴

图 5-2 王守仁

明代中叶以来，由于科举与官学的一体化，以程朱理学为代表的官方哲学，被演蜕成敲开科举之门的砖块，人们奔竞于科举仕途而变得不择手段。这与南宋初年的情形很相似，它说明官学教育的失败，同时也提出了重建新的理论以维系日益涣散和败坏的人心的任务。也和乾淳之际的南宋理学大师一样，以王守仁【图 5-2】、湛若水为代表的学术大家从批判官方哲学入手，承担了重建理论、重振纲常、重系人心的艰苦工作。

王、湛之学的崛起是从正德年间开始的，而且和南宋时期的程朱理学一样，是和书院一体化之后才得以实现的。嘉靖、隆庆、万历三朝，王、湛弟子及其后学建书院，开讲会，倡导各地，重新将二者推向极致，形成南宋以来中国书院与学术的再度辉煌局面。

一 王守仁与明代书院的兴起

王守仁（1472—1529）字伯安，号阳明，浙江余姚人。因曾隐居会稽阳明洞，又曾创办过阳明书院，故世称阳明先生。其家世为望族，虽然读书治学为阳明必做之事，但在弘治十二年（1499）中进士踏入仕途之前，他和书院似乎没有发生过联系。正德元年（1506），“始归于圣贤之学”的王守仁，刚获与湛若水“定交讲学”之乐不久，即因忤宦官刘瑾而被贬谪贵州龙场驿。从此，开始了他20余年的书院实践活动，并形成了自己的书院观。

正德三年（1508），王守仁到达龙场驿，当地民众为其创建龙冈书院【图5-3】。其间，王守仁订有《教条示龙场诸生》，是为龙冈书院学规，也是其长时间书院教学实践经验的理论总结。王守仁之学历经三变而最终定于龙场悟道，是为学术史上“王学”的真正成立，而王学的传播则开始于龙冈书院的讲学，其教习方法则是王守仁刚刚发明的“知行合一”之说。

正德四年（1509），王守仁在龙冈书院宣讲其知行合一的新学说，声名传到贵阳城主管贵州一省学政的提学副使席书处，于是就有往复问辨之后的贵阳文明书院讲学。王守仁的新学说开人心智，“士类感德，翕然向风”，借助文明书院中200余生徒，迅速在黔省传播，并且深入人心。

图 5-3 贵州龙冈书院

结束龙场贬谪生活之后，王守仁历任庐陵、滁州等地方官，及南京刑部、鸿胪寺、太仆寺、北京吏部等两京京官。其间虽然也是到处讲学，但不以书院为讲坛。直至正德十二三年，他以巡抚身份在江西南安、赣州，福建汀州、漳州镇压农民起义，进行所谓“破山中贼”之时，感到有必要建书院讲学，以“破心中贼”。于是正德十三年（1518），在赣州，他创建兴复六所书院，其中新建的义泉、正蒙、富安、镇宁、龙池五书院为社学性质，以教民化俗为主，修复的濂溪书院则以传播其心学为要。在庐山，他先是派门人蔡宗兖任白鹿洞书院洞主，正德十五年（1520）正月、十六年（1521）五月，他自己又两次来到白鹿洞书院，集门人讲学其中，希望自己的门徒尽快占领白鹿洞，将这一朱学堡垒变为王学阵地。从此，王门弟子出入其间，昔日的理学圣地俨然成为心学的大本营。

正德十六年（1521）八月到嘉靖六年（1527）九月，王守仁因建奇伟之功而遭诽谤，其学被指为伪学，由江西返家，在余姚、绍兴等地专事讲学，日与门人讲明其“致良知”之说，门人则为他建复稽山、阳明二书院作为宣传倡大其学的大本营。

嘉靖六年（1527）九月，居闲讲学六年之久的王守仁再度被朝廷起用，以左都御史总督两广及湖广军务身份，赴广西镇压田州、思恩岑猛之乱。赴任途中，他经衢州、常山、南昌、吉安、肇庆各地，一路讲学不辍，大会士友三百余人于螺川，并曾致书浙中的钱德洪、王畿，要他们团结“绍兴书院中同志”，严“会讲之约”，对家乡书院可谓是念念不忘。嘉靖七年（1528）六月，他在南宁创建敷文书院，聘其门人季本主讲。八月，发布《经理书院事宜》，要求书院“法立事行”，进行制度化建设。九月，又批复苍梧道梧州府，“照依南宁书院规制，鼎建书院一所”，“以淑人心”（《王阳明全集》卷三十《续编五》）。十月，与钱德洪、王畿、何胜之通信时称近来“余姚、绍兴诸同志，又能相聚会讲切，奋发兴起，日勤不懈。吾道之昌，真有火然泉达之机矣。喜幸当何如哉！”希望“早鼓钱塘之舵”，“一还阳明”（《王阳明全集》卷六《文录三·杂著》），与浙中书院诸友聚会。这些说明，晚年的王守仁书院情结日深。十一月，他不幸病逝于归家途中。

在20余年的书院讲学实践中，王守仁形成了自己的书院观。首先，他将书院定位于“匡翼夫学校之不逮”（《王阳明全集》卷七《文录四·杂著》），认为书院存在的意义就在于补救官学的流弊，而讲求古圣贤的明伦之学。既然书院和官学同属国家学政队伍中的两支部队，当官学受科举之累而迷失讲求明伦之学的前进目标时，那就可以将其撤下，替换成书院，以便继续朝向讲求明伦的古圣贤之学的目标前进。以书院匡翼学校，就如部队换防。王守仁还认定书院是有等级差异的，书院讲学也有层次区别，也就是说，书院是一个有着不同层次、不同类型的文化教育组织，它自成体系，与官学并行，共同承担着国家所赋予的讲学明伦的责任。

其次，以书院作为宣讲、倡大自己学说的基地，并借讲学颠覆程朱理学的大本营，是王守仁书院观的重要内容。王守仁已经深谙利用书院传播学术之道，正是利用书院这块阵地，他将自己的思想理论迅速推广于东南各地，及至倾动朝野，取代程朱理学而风行百余年之久。

再次，关注讲会，致力于讲会制度建设，是王守仁对书院的一大贡献。王门最早的讲会是由王守仁亲自主持的，始于嘉靖四年（1525）九月龙泉寺中天阁的讲学之会。为了使讲会走向正规，不致因人之去留而聚散，他以书壁的形式对讲会的日期、原则和具体操作程序、方法等提出了要求。十月，阳明书院落成，讲会移至书院举行。其后，钱德洪、王畿等高足主持其事，讲会坚持数十年不断，成为浙中王门重镇。五年，江右王门开惜阴会，王阳明作《惜阴说》，大倡讲会之风。从此，讲会林立于东南各地，并形成社团书院（讲会式书院），开拓出新的书院讲学形式，极大地促进了学术和书院的发展。

二　足迹所至必建书院的湛若水

湛若水（1466—1560），字元明，初名露，字民泽，广东增城县甘泉人，学者遂称其为甘泉先生，称其学为甘泉学。湛若水 29 岁师从陈献章于江门，悟出“随处体认天理”的心学方法。

弘治十八年（1505）40岁的湛若水中进士，在北京与王守仁定交，约定“共以倡明圣学为事”。嘉靖三年（1524），升南京国子监祭酒，历任南京礼部侍郎，以及吏、礼、兵三部尚书等职，嘉靖十九年（1540）致仕。致仕之后则专事讲学，直至嘉靖三十九年（1560）四月十九日病重，弥留之际，还在叮嘱学生要按照会约讲习，相观而善。二十二日，湛若水以95岁高龄逝世于禺山书院（精舍）。为了弘扬师说，遵守与王守仁的约定，湛若水一生尤其是40岁至95岁半个多世纪，几乎无日不在讲学。

“平生足迹所至，必建书院以祀白沙。”[①]湛若水每至必讲学，讲学之所或国子监，或州、县学，或书院，或精舍，或会馆，或寺观，对书院情有独钟。这一点和他的老师陈献章大不相同，湛若水书院情结很浓，这样做，或许也正是为了弥补白沙与书院失交的缺憾。与王守仁相比，他先生而后逝，以其老寿而阅历了更多的书院。据罗洪先为其所作墓志与相关地方志记载，他先后创建、讲学的书院总数不会少于50所，在整个中国书院发展史上，可与朱熹相媲美。

湛若水与书院的不解情缘，还体现在他为各地书院作记，关心地方书院建设方面。据嘉靖十五年（1536）、万历七年（1579）刊本《湛甘泉先生文集》统计，他为各地数十所书院所作的

①［清］黄宗羲《明儒学案》，上海：商务印书馆，1931年，第237页。

文献有数十篇之多，其内容已涉及建院、祭祀、学田、聘请主讲、会讲、作文等问题，说明他对书院建设的关心、支持与指导。除此之外，其文集中更直接记载了他在各地讲学的具体内容，而《大科训规》，更是他为书院制订的具体规章制度，有六十余条之多。凡此种种，皆足以体现其拳拳经营书院的苦心。

湛若水的书院观也很有心学特色。他虽以“随处体认天理”相标榜，但和王阳明的“致良知”没有本质区别，皆以发挥心学为己任，钟情于书院的讲学、会讲，重悟性而轻积累，对宋元时期以程朱为代表的“道问学”的书院观多有批判。复兴书院会讲、讲会的传统，致力于讲会制度建设，是湛若水书院观的重要内容。其在南京周围各地讲学，首开富山、斗山、天泉、新泉诸书院讲会。年过九十尚游南岳，过石鼓【图 5-4】、白沙、甘泉各书院，遍与湘赣门人及阳明后学邹守益等讲学论道。湛若水还作有《大科训规》，致力于大科书院讲会建设。其中，有三条涉及院中讲会，摘引如下：

> 一、远方及近处有德行道艺先觉之人可为师法者，必恭请升座讲书，以求进益，闻所未闻。孔子之圣，亦何常师？
>
> 一、朔望升堂，先生讲书一章或二章，

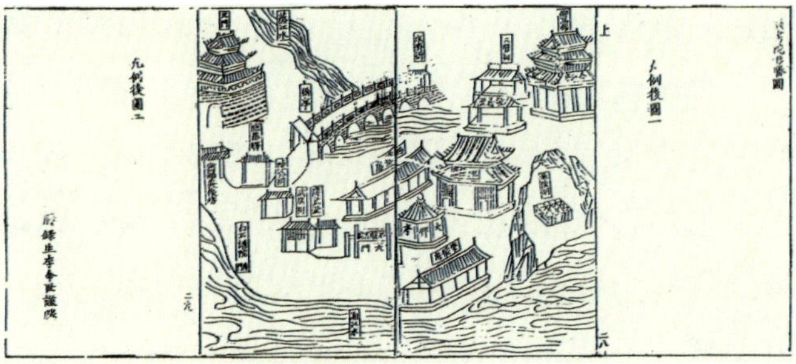

图 5-4 石鼓书院形胜图

务以发明此心此学。诸生不可作一场说话听过，亦必虚心听受，使神意一时相授，乃有大益。

一、诸生朔望听讲之后，轮流一人讲书一章，以考其进修之益。(《湛甘泉先生文集》卷六）

以上迎请院外先觉之师讲书，院中先生朔望升堂讲书，诸生轮流讲书，实际上就是书院的讲会或会讲活动，先觉与先生之讲会安排在作为“师生讲学之地”的凝道堂进行，诸生轮讲除了凝道堂之外，也可以在作为“诸生会讲之地”的进修、敬义二斋进行。而先觉之临时恭请、先生之定期升堂、诸生之轮讲，也说明大科书院之讲会已经形成制度，且隐然包括学术（先觉升堂）、教学（师生讲书）两种类型。如果将这些条文和“诸生用功须随处体认天理”等规定一并考察，则其心学特色不言自明。

王守仁、湛若水两位大师，都很重视书院

建设，将其视作研究、宣传自己学术思想的阵地，其学几变而定于书院，其教亦传于书院，在书院的讲学过程中，不断完善、发展了自己的学术主张与思想体系。可以说，他们在正德、嘉靖年间的努力开启了中国历史上继南宋以来的第二个书院与学术互为表里、一体发展的趋势：新的理论在书院中崛起，新崛起的理论又一次推动了书院勃兴。“自武宗朝王新建以良知之学行江浙两广间，而罗念庵、唐荆川诸公继之，于是东南景附，书院顿盛，虽世宗力禁，而终不能止”①，“搢（缙）绅之士，遗佚之老，联讲会，立书院，相望于远近”，其“流风所被，倾动朝野”（《明史》卷二百三十一《叶茂才》），势不可挡。这和数百年前南宋书院与程朱理学一体化发展的情况基本一致，它说明，包容文化创造功能的书院有着强大的生命力，任何人为的抑制都阻止不了其走向再度辉煌的步伐。

准确地说，明代书院的辉煌局面，是王、湛及其后学在正德、嘉靖、隆庆、万历年间（1506—1620），历时百年，以联讲会、立书院的形式营造出来的。这个时期，创建兴复书院 1108 所，占全明已知建复年代书院总数的 72.37%，其勃然兴起、浩然兴盛之势，由此了然可见。

①［明］沈德符：《万历野获编》卷二十四，北京：中华书局，1959 年，第 608 页。

第三节　明代书院向平民的开放

明代中期，书院生机盎然，充满自信地走向社会生活的各个方面，成为官绅士民，甚至下层百姓政治、文化、教育生活中不可或缺的一个重要组成部分。“六经注我”的学术热情，批判意识激荡的改革意愿，以及士人、市民阶层的政治自觉等,影响和引导着书院的发展方向与路径,形成了明代书院平民化、社团化、政治化的倾向性特征。

一　书院发展的平民化

沉寂近百年之后，明代书院重兴，面向平民成为其发展的一个重要特点。首先，城镇官府书院向平民百姓开放，山林布衣、乡村长者、佛教僧侣等都可以进院听讲，甚至登堂讲说。这是宋元时期所罕见的现象。

作为府州县各级政府之教育中心与学术中

心，官府书院建于各级官衙驻地，出入其间者，非官师缙绅，即士夫儒生，一般皆属中上层人士，是为当时通例。及至明代中期，随着平民儒者的出现和平民教育的开展，下层民众的身影出现于书院讲堂，森森学府之门得向市井布衣开放，书院的发展史上出现了值得注意的满足平民教育需求的积极倾向。兹以仁文、虞山两所地处江浙文化发达、教育水平较高地区的书院为例，来做说明。

仁文书院在嘉兴府城（今浙江嘉兴市）。万历三十一年（1603），知府车大任与嘉兴县知县郑振先创建，以为府属各县共有之最高学府。有仁文堂以为讲会课文之所，崇贤堂祀薛瑄、陈献章、胡居仁、王守仁四先生，集乡绅生徒讲学其中。次年，又与提学副使岳元声等大开讲会，订立《讲规》，规范其讲学行为。同时又捐置田亩，从经济上保障其讲学讲会活动的正常运行。仁文书院采取“广与进”的态度，欢迎一切求学、听讲之人。其《讲规·广与进》称：

> 真修实践之士，往往出于布素，如吴聘君、王心斋其人者，故不尽由黉序中出。若必择其方类而取之，恐长林丰草间不免有遗贤，而亦何以风励。庶人之以修身为本者，是故，会讲之日，如或山林布衣，力行好修，但愿听讲，

不妨与进。其怀私负戾，藉名干进者，一切摈斥之，无取焉。[1]

①《仁文书院讲规》，《中国书院学规》，长沙：湖南大学出版社，2000年，第38页。

书院向平民开放是有制度保障的，而且平民也分层次，高者如孝子、善人、山林隐逸可列诸生坐，登名宾簿，低者如老少百姓，席地而坐，列名会簿。虞山书院【图5-5】向民众的开放，比之仁文书院，其力度更大，书院讲会簿前有知县耿橘所作引言，对平民百姓进入书院听讲、讲学及其缘由都有交代。兹全文抄录如下，以见其详：

虞山会讲，来者不拒，人皆可以为尧舜，何论其类哉！凡我百姓，年齿高者与年少而知义理者，无分乡约、公正、粮里、市井、农夫，无分僧道、游人，无分本境、他方，但愿听讲，许先一日或本日早报名会簿。俟堂上宾主齐，该吏书领入，照规矩行礼。果胸中有见者，许自己上堂讲说。昔王心斋不过泰州一盐灶，寒山、拾得俱为乞儿，张平叔乃一皂隶，本县何敢以皮目待天下

图5-5 虞山书院图

士哉！但不许不通名姓，乘机溷入，不守规矩，紊乱喧哗，致失会体，本县亦不能尔贷也。[①]

让下层平民百姓进入书院，登堂听讲，甚至上堂讲说，是有理论依据的，那就是“人皆可以为尧舜”的儒家古训，而且也有当时以王心斋为代表的泰州一派学者的佐证。盐灶、乞儿、皂隶皆能讲学，又何论我百姓之市井、农夫哉？书院开放的气度和对百姓皆成尧舜的自信，由此可见一斑。此则正是明代书院平民化的理论依据和其从事平民教育的原因所在，于此可见先人致力于民众精神文明建设的可贵与崇高。

其次，在城镇官府书院向下层民众开放的同时，本来就处乡村的家族、村社书院也开始了职能的转变，服务对象不再局限于子弟，而扩至族人乡党，即由童子而及其成年的父兄一辈，院中之事业不仅仅是读书识字，习礼成俗、讲学化民也成了日课常功。兹举安徽书院的情况来做说明。

安徽泾县“自姚江之学盛于水西（书院），而吾泾各乡慕而兴起，莫不各建书屋，以为延纳友朋、启迪族党之所。其在台泉则有云龙书屋，麻溪则有考溪书屋，赤山则有赤麓书院，蓝岭则有蓝山书院。一时讲学水西诸前辈，会讲之暇，地主延之，更互往来，聚族开讲。故合则考德而问业，孜孜以性命为事，散则传语而述教，拳

①《虞山书院会约》，《中国书院学规集成》卷一，上海：中西书局，2011年，第272页。

拳以善俗为心”[①]。这类书院，有“考德而问业，孜孜以性命为事”，即关注学术阐发、学派建设者，有“传语而述教，拳拳以善俗为心”，即传播推广学说，将其落实为民俗者。一般情况下，它们对以学术而化民成俗的关顾可能更多些。如赤麓书院的《赤山会约》，开列遵谕、四礼、营葬、睦族、节俭、正分、广仁、积德、慎言、忍气、崇宽、勤业、止讼、禁赌、备赈、防盗、举行、黜邪、戒党、置产、恤下、闲家、端本等 23 条，皆“吾儒实学”之事，要求赤山一乡与会诸友“以此意劝勉各家”，以期达到“维风范俗”[②]的目的，从而提升地方文明水平。

综上所述，我们认为明代书院已经具有平民化倾向，开始成为实施平民教育的场所。这是书院历史上前所未有的现象。

二　书院讲学的平民化

儒学诠释的平民化，是明代书院讲学的新特点。之所以出现儒学的平民化诠释，大致有三个原因。首先，王湛之学尤其是王学，是在平定叛乱和镇压农民起义之中，以及之后的社会秩序重建的工作中发展、兴盛起来的，即由所谓“破山中贼”而“破心中贼”，解决民众问题是其重要的诉求，面向民众讲学是一种现实要求。其次，“六经注我”的学术热情，可以充分发挥人的主观能动性，使得向不懂高深理论甚至不识字的民众讲

①［清］赵绍祖：《赤山会约跋》，《中国书院学规集成》卷一，上海：中西书局，2011 年，第 503-504 页。
②［明］萧雍：《赤山会约》，北京：中华书局，1985 年，第 15 页。

学，也即王湛学说的平民化诠释成为可能。最后，平民书院的出现，提供了理想的平台，可以使儒家经典的平民化诠释得以实现。

应该说，无论是平民书院还是平民教育，其所讲之学仍然是儒学，只是它的重点不是高深的理论，而是“百姓日用之道”，亦即“百姓日用之学”，侧重点在日用伦常与民俗风情的培植，在平民百姓中建立合乎儒家理论体系的价值理念是其主要的任务，其教育对象不同于经生文士，往往是山林布衣、田夫野老，甚至是一字不识的“愚夫愚妇”。因此，讲学必须用浅显易懂的语言来进行，不能满堂皆是“之乎者也”，而要尽量口语化，使人易记易行，是谓儒学诠释的平民化。在当时，操平民化语言为百姓讲授儒学的人较多，它与面向平民的书院的发展相适应，成为一种新的时尚的讲学特点。

明代平民化儒学诠释的工作，考其原始，则由王守仁、湛若水等大师开其先机，这从他们的书院教育实践中可以得到验证。以王守仁为例，还在贵州龙冈书院期间，他与“夷人”讲学，就有平民化诠释之端倪。正德十三年（1518），平赣州之“寇乱”，即所谓破“山中贼”之后，又接连发布《兴举社学牌》《社学教条》《南赣乡约》，创建义泉、正蒙、富安、镇宁、龙池等五所社学性质的书院，修复赣州濂溪书院讲学，其意皆在破除民众的“心中贼”。《乡约》共十五条，涉及生老疾病、礼仪习俗、亲族乡邻、收租放债、约期约仪等，其化民成俗之意甚明。

谈到儒学诠释的平民化，就不能不提到高扬平民儒学旗帜的泰州学派及其据以讲学的书院，这是一支对儒学进行平民化诠释的主力军。其实，书院的平民化就多少受到过泰州学派的启导。泰州学派的开山祖师王艮，字汝止，号心斋，泰州安丰场（今江苏东台）人，出生于一个世代产盐的灶户人家，因为经商、行医而致富，并在这个过程中奋然兴任道之志，日诵《孝经》《论语》《大学》，通过十年自学，粗识儒家经典。后师从王守仁八年（1520—1528），接受良知之学，终成有名于时的平民儒学家。他思想最富特色的部分是“百姓日用之学”，其核心有三：一是以“愚夫愚妇”、士农工商等“百姓”为本，认为只有合乎平民百姓日常生活的思想学说，才是真正的“圣道”。 二是“百姓日用之道”既要有道德精神的内涵，也包括最起码的物质生活要求。三是提倡平民教育，认为“愚夫愚妇皆知所以为学”，不论老幼贵贱贤愚，凡有志愿学者，皆传之教之。王艮以一介平民奋然崛起于草莽鱼盐之中，以道统自任，开创了影响甚大的泰州学派，不仅当时风动宇内，而且绵延数百年不绝。其学五传而有弟子 487 人，以下层民众为主，分布则遍及今江西、安徽、湖北、浙江、福建、湖南、山东、四川、河北、河南、陕西、广东等地，而以江苏尤其是泰州为多。他们大多能继承平民教育的传统，注意向下层民众传授知识与学问。如布政使徐樾收不很识字的颜钧为弟子，状元焦竑向田夫夏廷美授学，樵夫朱恕、陶匠韩贞则毕生从事乡间教育等，皆享誉于当时。

第四节　明代科举与书院讲会

书院既是学术组织，更是教学机构。王阳明将书院定位于“匡翼夫学校之不逮”，湛若水主张圣学、举业合一，在书院大谈科举之学。影响所及，将书院视为谈经课士、准备科举的教学机关，已是明代的一种普遍共识。当讲会盛行之时，书院除了“升堂会讲”，根据分定课程进行“讲解”、学习之外，还组织诸如文会、诗会、酒会、茶会、面会、舫会、遥会、会课、课艺、考课、作文、经史会、史学会、理学会、古文词会、昭代典故会等与教学活动相关的各种会事。一般而言，这些教学型讲会皆和科举关系密切，历来为人所鄙视。但细探究竟，我们发现，即便是科举之会，也有多种文化取向，值得特别注意。

一　会文、会课：书院的考试活动

与教学有关的书院之会大多数是考试活动，

或称会文、文会，或称会课，或称会考，名称各异。会文即聚会作文，是书院日常的教学活动，常常和讲艺、会讲并举。如抚宁县云从书院，万历四十三年（1615），知县王台创建，“日集诸生会文、讲艺，纸笔、饮馔之需，皆捐俸以给”（光绪《抚宁县志》卷五）。而虞山书院会文有诸生、孝廉之分，会文之期与会文之所皆不相同，试卷评阅分等也有区别，唯生活待遇相同。

文会，实即“会文”之互文，其意仍是聚会考试。嘉靖末年，朱湘任大名县知县，“甫下车，即率诸生为文会，手自点窜，出其制义，诸生争相传诵”，因建应龙书院。到万历四十年（1612），知县李一鳌重修院舍，“纠诸生为文会，月凡三举”，“又躬诣批阅，剖秘密，藏为多士指南”[1]。于是，“士彬彬向风，不营雨化矣”。由此可见，文会是应龙的传统，书院一月两三次文会，能够改变一县士气民风。文会活动经常化之后，书院即建文会堂、文会所，以为其聚会讲学、考试之所。如白鹿洞书院，弘治十二年（1499）建有文庙、明伦堂、会文堂、延宾馆、东西斋舍等。到万历四十二年（1614）重修时，规制变化，有礼圣殿、宗儒堂、文会堂、讲修堂、先贤祠、忠节祠、云章阁、号舍等。可知，文会堂之名，在白鹿洞书院至少保有百余年而不变。其他如盐城正学书院，建有文会堂、燕居堂、歌鹿堂、东西号舍等建筑；

①张伯琥：《新建应龙书院记》，《大名县志》卷九，台北：成文出版社，1968年，第384页。

蒲沂县凤山书院，有文会堂与颐贤堂并列。文会之所、文会之堂既如此常见，则文会为书院的日常教学活动就应该是合乎情理的事情了。

会课即聚会考课，也即会合考试。福州共学书院以会讲、会课为主要事业，合称“讲课二事”，其《会规》第二条涉及分社会课、分官命题、官师阅卷、展示佳作、遴刻课艺等几个方面的问题。嘉兴仁文书院则将会课与支给养士费用结合。

会考即聚会考试。万历二十年（1592），吉安府知府汪可受制订《白鹭洲书院馆例》，强调白鹭洲书院的“会考”是专为府属“各县未取生员有志者”而设的，每月两次，供应饭食。这样，会考就赋予白鹭洲书院【图 5-6】以联系吉安府九县有志生员之网络中心的地位。通过每月六次会文、两次会考，汪知府得以构建成以白鹭洲书院为中心的吉安学术精英网。

图 5-6 吉安白鹭洲书院官课试卷

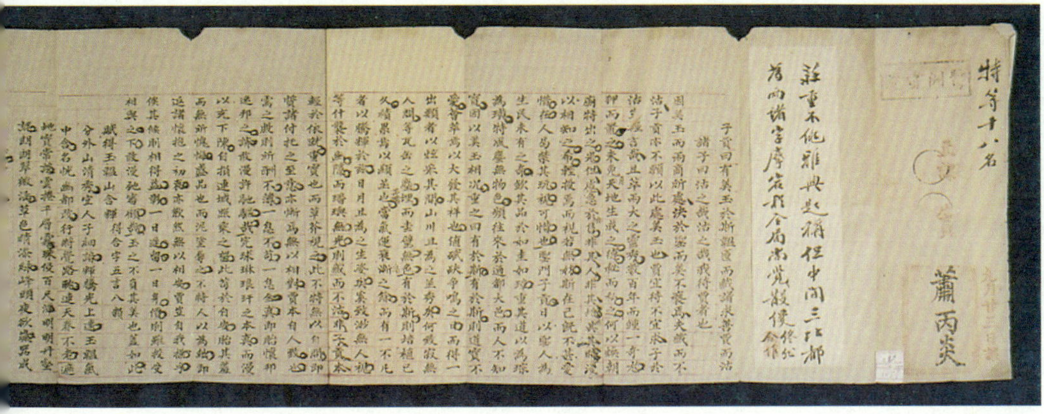

十分明显，上述会文、文会、会课、会考，实际上就是会聚、会集诸生举行的考试，是书院经常开展的教学活动，可以称之为教学之会。值得指出的是，教学之会这一类检验学生成绩好坏的定期会聚的活动，有的书院就直接叫考试、作文、作古文、作时文、考业，形式很多。

除了每月的定期考试之外，有些书院还颁行“日课簿”，规定生徒每日学业，然后抽查稽考。这种登记课业，不定期的随意抽查，即是一种考试形式。它既可看出生徒所学多少、好坏，起到督促作用，具有考试的激励机制，又不十分严格、机械，生徒可以优游自适，进步于无形的约束之中。

二　科举之会与科举之学

上述会文、会课、会考，以及各种作文、考试等，都与科举考试有着或多或少的联系，从某种意义上讲，书院的教学之会就是科举之会。在八股盛行、科举取士的明代，作为教学机构的书院施行科举之会实属题中之义。

科举之会有两层指向。一是会而考试，指会文、会课活动本身，二是讲求应试、作文之道，研究“科举之学”。万历十九年（1591）吉安府知府汪可受复建书院于白鹭洲，率府学及府属九邑县学共十校诸生讲肄其中。白鹭洲书院的每月三会，皆是模拟科举考试，属于比较单纯的科举之会。当时，它与属于讲学之会的“理学雅会”并举。同样是科举之会，淳安瀛山书院就稍显丰富，已经不是单纯的会文活动，而开始探讨会文之道了。

应试之法、作文之道，因时因地因院因人而异，各不相同，难以尽述，兹举一二，以见其概。万历年间，常熟知县耿橘为虞山书院所订《会约》二十九条，前五条专讲科举之会，除一、二条规定诸生、孝廉会文日期、地点、阅卷之外，其他皆论作文应试。虞山书院强调的是“作文即是学问”，反对“作文是与圣贤写像”之说，提出了古雅求真的标准，以及不新之新、不奇之奇、不玄之玄的“举业正法”。而操笔作文时，放下胜负之念，克私意、俗肠以畅心灵、天机之说，也属可取。唯将作文应举归之于命，似可商榷。

嘉靖年间，山东提学使吕高为省会书院湖南书院制订《训规》十四条，其中第五条《敬业》即论德业、举业关系及作时文之法。吕高为嘉靖八年（1529）进士，嘉靖初与王慎中、唐顺之、熊过、陈荣、任瀚、李开先、赵时春并称为“八才子”，作文之法高明。他提出，“其经义以说理为主”，“论以立意为主”，“策以详明为主”，作文用意深长、议论得当、理致纯粹、机轴圆转、条理明白、文采绚烂、节奏铿锵、法度严整、始终照应等九项要求，以及文章贵含蓄而不沉晦、贵精彩而不靡艳、贵平正而不庸常、贵奇特而不诡诞、贵丰赡而不冗滥、贵弘放而不漫散、贵简径而不寂寥等七项指标，皆为极富才气的高论。

至于“科举之学”的讨论，则见于湛若水为大科书院所作的《训规》，湛若水讲求的所谓“科举之学”，至少包含有以下几层意思。第一，将是否应试上升到理论的高度予以阐释，认为诸生必须参加科举考试，不习举业，“便非天理，便是外物”。第二，德业、举业合一，一体涵养。第三，以君子、小人区分应试之人，认为科举立命在义而不在利，强调读书以明心性，反对应试仅求功名。此为科举之学的根本，坚持根本则不失本领。值得注意的是，湛氏“科举之学”深得当年书院讲学会文者认同。

虞山书院有“讲学与举业非分二事。昔有从阳明讲学者，其父以废举业为忧，其人曰无忧，譬之打蛇，今得七寸矣，明年果中解元”[①]的会约条文。事实上，这只是对王阳明“圣学无妨于举业”论的简要概括。王阳明稽山书院的实践证明，圣学或者更准确地说是其心学，不仅无妨于举业，而且大有益于举业。石鼓书院也有圣学不妨举业、致道不妨举业、举业即心学的训勉。冯从吾在《关中书院科第题名记》中说：“虽然书院之讲，固不专为科第，而即科第亦足见书院讲学之益。”[②]凡此种种，不胜枚举，皆说明讲求圣学举业合一、举业心学不二、讲学举业不分之道，

①［明］耿橘：《虞山书院院规》，《中国书院学规集成》卷一，上海：中西书局，2011年，第261页。
②［明］冯从吾：《少墟集》卷十五，上海：上海古籍出版社，1993年，第252页。

以举业为吾儒安生之“本等业次”等理念，已成为书院科举之会的重要内容，研究“科举之学”也成为多数书院的共识。

三　科举之会的取向

教学、科举之会主要是检验书院诸生学习成绩的好坏，从教学与考试内容，我们可以了解其在文化传承中所起的积极作用。明代科举盛行，四书、经义强调标准化而成八股文，大多数书院在德业、举业并行，讲学不妨举业的旗号下“教人不外科举”。于是“科举之学”也就成了教学与考试的主要内容【图 5-7】。而围绕“科举之学”，

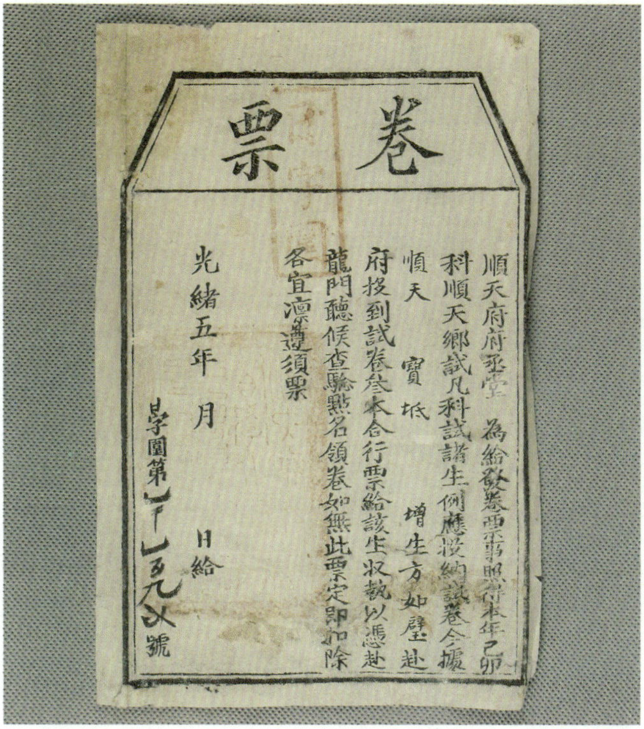
卷票

順天府府丞堂　為給發卷票事照得本年己卯
科順天鄉試凡科試諸生例應投納試卷今據
順天　寶坻　增生方如璧赴
府投到試卷叅本合行票給該生收執以憑赴
龍門聽候查驗點名領卷如無此票定即扣除
各宜凛遵須票

光緒五年　月　日給

學圍第　號

图 5-7 顺天乡试卷票

各书院设计出不同的教学方案，兹以陕西三原县城弘道书院为例，以明其教学内容。

弘道书院为众门生为其师王承裕创建，是关学三原别派的大本营。历弘治、正德、嘉靖三朝前后四十年。兹据弘治九年（1496）王承裕所立《学规》①，将院中课程与教材列作一表。

表 5-1 弘道书院课程与教材表

课程类别	课程名称	教　材
必修课	经书	《易》《诗》《书》《春秋》《礼记》
必修课	四书	《论语》《大学》《中庸》《孟子》
	史书	《通鉴纲目》《续通鉴纲目》《通鉴节要》《续通鉴节要》《史略》《史断》
选修课	察理	《性理大全》《近思录》
	学礼	《朱子家礼》《仪礼》《周礼》
	古文	《文章轨范》《唐音》
	博观	《贞观政要》《唐鉴》《大学衍义》
	明治	《武经七书》《武经总类》（以上兵戎），《大明律》《刑统赋》（以上刑名），《救荒活民》《荒政备考》（以上荒政），《河防通议》《泾渠图说》《吴中水利》（以上治水）
	作字	欧（阳询）、虞（世南）、颜（真卿）、柳（公权）字帖

以上必修课为参加科举考试而设，全院诸生人人皆得修习，内容分五经、四书、史书三部分，从教材书目可知，这些属于当年最基本的经史典籍，体现传统基础知识体系的核心内容。《学规》

①以下有关弘道书院课程之引文皆出于此，不再一一标注。

规定每日诵读、背诵，间日升堂讲解、师席质问，间日作包括经义、四书义、论、策、表等文体的时文二道，意在强化训练，务求全面牢固掌握这些内容，以代圣贤立言，而捷胜科场。至于选修课，除“学礼”化俗与科举无关外，其他皆与科举紧密相连，如“察理”之《性理大全》《近思录》二书，考试之期要从中出题，“以验学力所至”；“古文”之《文章轨范》《唐音》，亦成每月试“古文题二、诗题四”之范本；“博观”之《贞观政要》《唐鉴》《大学衍义》，“遇考试”，即从中“出策论题，以观用心”；“明治”所涉之兵戎、刑名、救荒、治水诸书，也规定“每遇考试，出一短策，以审其志”。如此硬性地将选修课和科举捆绑在一起，足见其经营“科举之学”的良苦用心。即便是“作字”一项，联系到科场重视楷法的事实，其不见篆、隶、行、草，而专临欧、虞、颜、柳之帖，也就可以理解为习字以应试。也就是说，选修课是必修课的补充，性理、诸经、杂史诸书，兵戎、刑名、救荒、水利诸政，古文、楷书诸法，凡此种种，皆从服务于科场考试出发而开设。

由此可见，书院要经营好“科举之学”并非易事，需得以上三十余部教材构建成一个比较完整的知识体系，才能保证诸生科举中式，而这一应试的知识体系，实际上已经涵盖了当年传统知识体系的主要内容。换言之，书院教学之会所要考查的“科举之学”的内容也就是传统知识体系的主要内容，成功的“科举之学”是传统知识体系得以传承不息的重要保证。此即举业不妨圣学的真正意涵所在。

第五节　明末书院挫折中的进取

明代书院因为讲学而成辉煌盛大之势，也因为讲学而招致了嘉靖、万历、天启三次禁毁，并由此走向衰落。真可谓成也讲学、败也讲学。以下我们将具体讨论嘉靖、万历、天启三毁书院的情况，以及在禁毁笼罩下明季书院的生存状态。

一　明季三毁书院

嘉靖之毁，矛头直指王、湛讲学。王守仁和湛若水，自弘治末年北京定交，“共以倡明圣学为事”，即以斯道为己任，到处讲学，动摇了宋元以来官府所确立的程朱理学在思想界的统治地位。尤其是王守仁，奋不顾身，以当天下之大难，平定宁藩朱宸濠叛乱，建立盖世奇功。然而，功愈高而招致当权者忌恨愈深。于是，反对派以捍卫程朱理学为借口，对王、湛及其心学展开了攻击：诬其学为伪学、邪学，指其人为邪党、无赖，必欲置之死地而后快，并由人而学，由学而书院，最终酿成明代书院的第一次劫难。朝廷在嘉靖十六七年间（1537—1538）下令禁毁书院。

从整个事件的逻辑走向分析，可以清楚地看到，书院讲学才是招致禁毁的真正原因所在。当时朝廷的执政大臣们，有许多是反对王、湛之学的，他们对于王、湛的广建书院，聚徒讲学，妄加罪名，实是为了在政治上和学术上进行压制。嘉靖禁毁对书院的危害，因有“虽世宗力禁，而终不能止”[①]的记录，一般皆认为不是很大，仅限于湛若水活动的南京地区，也仅针对湛若水所建的书院。其实不然。湛若水只是突破口，打击的对象还有王阳明及其讲学门人，由南京而及于全国。

万历之毁，实乃张居正痛恨讲学之故。万历禁毁书院，由内阁首辅张居正一手策划。当张居正设法取代徐阶、李春芳、高拱而成为内阁首辅之后，乘其改革雄风，禁讲学而废书院。张居正的书院政策经历了一个从开始反对空谈废业，不许别创书院，希望重振官学教育，到最后为保护自己的政治利益而不惜禁学毁院的思路历程，而禁毁的矛头主要是指向讲学。万历三年（1575）五月初三日，在《请申旧章饬学政以振兴人才疏》中，他首提“不许别创书院”的主张，或许还有国家的利益考量。其后多次推行，变成长期的禁

①［明］沈德符：《万历野获编》卷二十四，北京：中华书局，1959年，第608页。

毁政策，则更多的是出于个人私心，对对手实行政治打击。

虽然张居正痛恨讲学，甚至“言之切齿”，但从本质上看，它和嘉靖、天启之毁书院是没有区别的，皆在禁锢学术自由。遭禁毁的书院分布于今冀、鲁、晋、豫、苏、浙、闽、赣、皖、湘、粤、桂、川、陕等 14 个省区，范围较广，但主要集中在江右王门的活动场所江西、湛若水的家乡广东，实际受害的书院要超过史志所记的 64 所。

天启之毁，则为魏忠贤残害东林。天启初年，宦官魏忠贤与熹宗乳母客氏勾结成黑暗的阉党集团，他们控制特务机关东厂、锦衣卫，荼毒人民，擅权乱政，引起东林党人的愤慨。于是，两者的对立就不可避免，终于酿成惨烈的东林党案，并由东林党而殃及天下东林讲学书院，明代书院遭遇到了第三次禁毁的劫难。

天启五年（1625）正月，阉党“十孩儿”之一的兵科给事中李鲁生，建议将京城首善书院匾额联对全部撤去，改为“忠臣祠”，奉祀辽阳阵亡将士。京城首善书院的被毁，可以视作阉党禁毁书院的全面开始。八月，素有“魏忠贤鹰犬”之称的御史张讷，奏请毁拆全国书院，重点指向东林、关中、江右、徽州四处。得到张讷奏疏后，魏忠贤即下矫旨，拆毁书院，惩处书院讲学之人。东林书院【图 5-8】之毁是和东林党人有关的诸

图 5-8 东林书院东林旧迹牌坊

多政治事件相联系的，阉党将东林书院和东林党捆绑在一起，必欲置之死地而后快。天启之毁书院，以政治上迫害东林党人为主要目标，遭到毁拆的书院，相比万历时期要少，今能辑录得到的，有 28 所。

明代中后期近百年时间内，书院连遭嘉靖、万历、天启三次禁毁，其所受到的打击非常严重，这对书院的发展产生了很大的影响。嘉靖初禁，抑制了书院的强劲发展势头；万历再禁，终结了书院的兴盛局面；天启三禁，书院几乎气绝。好不容易由王、湛两位大师讲学而带来的明代书院的辉煌，就这样一步一步地被断送，这就是三毁书院所带来的最直接的后果。这是一方面，它从总体上完结了书院蓬勃发展的强势；而另一方面，又强化了书院的社团性质，并衍生出其政治性特色。

二　天下东林讲学书院

明代禁毁书院，既缘于书院的讲学，更隐含大量的政治因素。明末流行的“天下东林讲学书院”，就是一个由讲学而泛化为政治的典型。自万历后期而历泰昌、天启、崇祯，甚至清代初年，在相当长的一段时间内，人们都在讨论它，它也实实在在地影响和制约着当年书院的生存状态和发展方向，是为明末书院的一大特色，也在某种程度上决定了清初书院的走向。

“天下东林讲学书院”，是以东林书院为代表的一个有着鲜明学术特色和政治倾向的书院群体，其范围也大致不外乎阉党魏忠贤所要拆毁的东林书院、关中书院【图 5–9】、仁文书院、紫阳书院、首善书院。

东林书院在江苏无锡。北宋政和元年（1111），理学家杨时创建于城东，居院讲学 18

图 5–9 关中书院大门

年，成就众多人才。杨时是理学大师程颢、程颐的高足，在中国思想史上，以南传其师说而著称。其学三传至朱熹，终于集大成而成为影响古代中国社会数百年的官方哲学。如此承接程朱，东林书院也就有“洛闽中枢”之称，备受人们的关注。南宋初年，金兵南掠，杨时遂南归故里福建将乐，书院渐至废毁。南宋中期，理学大盛，无锡士人建祠堂祀杨时，称为龟山书院。元至正十年（1350），僧人改为东林庵。自此，遂为佛教传道之所达二百余年。

万历三十二年（1604），顾宪成、高攀龙以系道脉、树风声为己任，率顾允成、安希范、刘元珍等倡导捐资，得到常州府、无锡县以及相邻的苏州、松州、嘉兴三府在职官员资助，重建东林书院于城东故址。有大门、牌坊、东林精舍、丽泽、依庸二堂及燕居庙、道南祠、藏书楼、山房、草庐、书斋、学舍等建筑，奉孔子，祀杨时，置田 200 亩、地 16 亩，以为院中经费。常州府知府欧阳东凤作《重修东林书院记》、无锡知县林宰作《重修道南祠记》、邹元标作《依庸堂记》，以揭书院历史沿革、学术追求。

重建后的东林，不同于一般书院，没有属于弟子之列的诸生常年在院学习，而是同志诸君子的讲会场所，每年大会十日，每月小会三日，是一所典型的社团性书院。顾宪成制订的《东林会约》，是院中同志必须共同遵守的会章，它首列孔子、颜子（渊）、曾子（参）、子思、孟子为为学要旨，次揭朱子（熹）《白鹿洞书院学规》，复次引申朱熹学规而开列其饬四要、破二惑、崇九益、屏九损。其意在阐明东林书院继承杨时精神，上承周程，下接朱熹，以程朱理学反对王学陋习的学术主张。其中的《会约仪式》则就会中组织、会期等具体问题做出规定。

东林书院从明代中期既有的社团性传统出发，在官方的禁毁中，顽强地坚持20余年，开创出了书院扭转学术风气、关心天下时政的新传统。

东林书院的社团性是显而易见的。首先，它来自于当年聚会诸友的共识。东林首创同人中，大多都有讲学地方的经历。他们迫切希望将吴地同人君子结为会社，将原来分散的讲学活动"联属"成统一的组织【图5-10】。东林书院的重建，就是这种结社意愿得以完成的表现。

其次，《东林会约》作为书院的规章，标示

图5-10 东林会讲图

东林的学术主张，甚至政治倾向，规定以会籍登记书院讲会同人，会中称“同志友”“同志”“吾党”“各郡各县同志”“同志会集”等，都显示出书院操作程序的社团特性，宜乎其将东林书院称作“东林社”。

扭转学术风气，是东林书院讲学的首要任务，因而学术史上有“东林学派”之称。诸君子直接开展对王学的批评，在批判的过程中，将学术由心学扭而转向理学。辟王崇朱，转移学风，是明末的一个特点。“风声雨声读书声，声声入耳；家事国事天下事，事事关心。”这是顾宪成高扬的一面讲学大旗，也是东林书院在万历、天启年间讲学的一大特色。以讲学议政而得民心、士心，正是东林获幸之所在，亦是其招祸之所在。

俱往矣，其功过是非，历史已有公正评价，可以置之不论。这里我们所要强调的是，东林“一堂师友，冷风热血，洗涤乾坤”，在明末的危局中，开创了一个书院议政的传统。这种传统，受到稍后因崇祯十一年（1638）就学长沙岳麓书院而成名于天下的王夫之的欢呼，更受到20世纪新文化运动主帅胡适的欢呼，称其虽“赴汤蹈火，尚仗义直言”，“前者死后者继”，“制造舆论”，使书院成了“代表民意的机关”，因而“亦可代表古时候议政的精神”[①]。

① 胡适：《书院制史略》，《胡适全集》卷二十，合肥：安徽教育出版社，2003年，第115页。

第六章　清代书院

普及和流变是清代书院的最大特点。由于官民两种力量的共同努力，书院进入前所未有的繁荣时期，清代共创建兴复书院5836所，基本普及城乡。从雍正年间省会书院的建立开始，官方强力进入书院建设，各级官办书院成为全国各地大小不等的学术教育中心。民间则主要致力于乡村、家族书院的建设，承担着普及文化知识的基础教育任务。道光以降，面对随大炮战舰冲入国门的西方文化，书院努力应对，在经过内容和形式的改造后，将西学、新学引入其中，终于形成了新式书院，是为积极的变革。而另一方面，科举的诱惑力太大，书院不分官办、民办，大多陷入其中而难以自拔，这是消极的流变，它影响并最终断送了书院的改革。

第一节　清初的书院政策

清初书院政策的走向，有一个由防患到疏引、由抑制到开放的总趋势，意在因应“遗民”问题，化“遗民”为“臣民”，而其最终的目标则是将书院由“外在”变为“内在”，纳入国家的整个文化教育体系之中。

一　顺治、康熙年间的书院政策

清政权建立之初，统治者唯恐明末民族主义思想及自由讲学、清议朝政、裁量人物之风复活，更怕书院聚众成势，举旗反抗，因而百般抑制。顺治九年（1652），诏令“各提学官督率教官、生儒，务将平日所习经书义理，着实讲求，躬行实践。不许别创书院，群聚徒党，及号召他方游食无行之徒，空谈废业”（《古今图书集成·经济汇编选举典》卷十七）。对于已经存在、恢复的书院，清廷又因沿明代《学校禁例十八条》，而订立八条《训士卧碑文》予以钳制，实际上是以高压政策压灭书院精神，以防危及其统治，其用意与诏令相同，即不许书院发展。

然而，已经实行几百年的书院制度具有深刻的社会影响，修复书院，时有要求，政府强行禁止，颇感困难，且有违其“推广圣教”的旨意。因此，到顺治十四年（1657），当抚臣袁廓宇请求修复著名的衡阳石鼓书院时，朝廷准其所请。由此，禁抑的政策，稍许松动，各地书院渐次有些恢复。据统计，顺治年间，恢复旧有书院64所，新建书院也有61所，全国合计已有书院125所。

康熙二年（1663），随着南明韩王政权的覆灭，朝代更替的问题基本解决，社会趋于稳定。康熙皇帝逞其文治武功，采取一系列措施巩固了国家的统一，反映出清政权的强大。与此同时，清廷极力提倡程朱理学，开博学鸿词科，设馆编修《明史》，纂成《古今图书集成》《全唐诗》《佩文韵府》《康熙字典》等，凡此种种，几乎网尽天下士人。是时，清政府采取了适当放宽的书院政策，但同时又不解除禁令，意在笼络人心，而又防止书院走向明末清议朝政之路，从源头上阻断明遗民利用书院反清的一切可能，将书院疏引导入其所设计的发展轨道。

因地方政府大员之请，给书院赐书赐额，是康熙年间朝廷支持书院建设的一大特点。应湖南

图 6-1 “学达性天”匾额

巡抚丁思孔所请，康熙二十六年（1687）春，康熙御书“学达性天”匾额【图 6-1】，并十三经、二十一史、经书讲义遣送到山，从此岳麓书院办学又重新兴盛起来。与岳麓书院同时得到“学达性天”匾额的，还有白鹿洞书院及周敦颐、张载、程颢、程颐、邵雍、朱熹祠七处。赐国子监所刊经史图书给各书院，实有将国家定本送致地方学术中心，明确理学之统，借以统一思想之意，而赐额在“恭睹宸章，仰窥圣学”之外，更形成一批身份特殊的赐额书院。据不完全统计，仅康熙年间赐额书院就有 23 所。

除了赐书赐额之外，康熙皇帝曾在康熙十五年（1676），应宁古塔将军哈达奏请，将吉林宁安满洲学房赐名龙城书院，并赐御书“龙飞胜地”匾额。院中设满、汉教习，集满洲贵族子弟肄业其中，开创清代满族书院建设之先河。康熙二十二年（1683）收复台湾之后，清廷第一次将书院推广到了宝岛，开创了台湾书院建设的新纪元。康熙五十年（1711），康熙为皇子胤禛（即后来的雍正皇帝）构建于热河避暑山庄的乐山书院御书院额，又开创了一个皇家书院的先例。

凡此种种，都说明康熙皇帝对书院的重视。尽管当时还没有兴办书院的明令，但皇帝的支持，表明了朝廷对书院的态度，因此，各地官府及民众也就开始争相兴复、创建书院了。据统计，康熙年间，新创建书院 660 所，兴复 277 所，两者合计 937 所，总数仅居乾隆朝之后，为清代的第二位。

二　雍正、乾隆时期的书院政策

雍正年间（1723—1735），清政府在经过一段犹豫之后，书院政策才开始从消极的抑制转为积极的支持。雍正六年（1728），雍正皇帝发布正音诏令，福建省政府官员创造性地开始建设 112 所正音书院，在今闽台广大地区推广官话，搞得有声有色。这令雍正帝对书院的看法有所改变，消除了一些对书院的疑虑。因此，他继续观望了几年之后，在雍正十一年（1733）发布了著名的创建省城书院的上谕。各地总督、巡抚，奉令动用公帑，或新建，或扩建，或改建，创建了保定莲池【图 6-2】、济南泺源、太原晋阳、开封大梁、江宁钟山、苏州紫阳、安庆敬敷、杭州敷文、福州鳌峰、南昌豫章、武昌江汉、长沙岳麓、长沙城南、肇庆端溪、广州粤秀、桂林秀峰、桂林宣成、成都锦江、昆明五华、贵阳贵山、西安关中、兰州兰山、奉天沈阳等 23 所省会书院。省会书院的创建，使十八行省都有了各自的最高学府，这为官办书院教育体系的最终确立奠定了基础，是清代对书院发展所做的创造性贡献。

乾隆年间（1736—1795），清政府的书院政策不再动摇，寓控制于支持，以创建上下一统、制度完善、定性明确的官办书院教育体系为主要目标。乾隆皇帝屡下谕旨，规范书院管理，聘请院长，选择生徒，皆有标准。尤其是随着各府州县官方书院的建立，它和原本已有的省会书院构

图 6-2 保定莲池书院

成了上下一统的书院教育体系。

一般而言，官方书院的共同特点是官立，也是各级政区的最高学府，其创建、修复、经费、聘师、招生之权多操于各级行政长官之手。所不同的是，其各自的辖区范围大小不一，由县而州而府而道而省，甚至总督所辖之跨省，呈递增之势，辖区越大，其选择师生的余地就越大，其教学与学术水平也就越高。究其原因，一方面，官府的级别越高，其权力就越大，就能支配更多的经费，聘请更好的山长主教；另一方面，行政区越大，读书人就越多，书院招生时选择的余地也越大，能够做到优中选优，最终形成了由州县而府道，由府道而省级，节节上升的结构模式。

由于教学程度和学术研究水平的高低不同，书院形成了一种等级上的差异。就整体而言，最底层的是私立的家族书院和民办的乡村书院，中间层是县立书院，高层则是州、府、道、省、联省各级书院。底层书院数量大、分布广，起着普及文化知识、将儒家学术思想大众化并形成民间价值信仰的作用。它扎根乡村社会，构成中国书院等级之塔的底座，是其他较高层书院的起点。中间层县级书院，既拔乎家族、乡村书院之上，又是官立书院中最低的一等，一身二任，承担传播文化知识和将儒家理念政治化，从而以朝廷意志影响民间价值信仰的任务，是书院等级之塔的塔身。高层的各级书院一方面分担指导学术理念政治化的官方责任，另一方面也兼有研究学术、更新创造儒家精神、养育学派之责，可以视作高居于书院之塔的宝顶部分。应该指出的是，那些由学术大师主持或创建的书院，无论是官立还是民办，皆应视为当然的宝顶部分。中国书院的等级之塔，实际上已经构成了一个完整的书院教育体系。这个体系的建立，标志着书院已经进入其普及、成熟的发展阶段。

三　清代书院概况

清朝自入关后，历世祖、圣祖、世宗、高宗、仁宗、宣宗、文宗、穆宗、德宗及末代皇帝溥仪，凡十帝，其年号分别是顺治、康熙、雍正、乾隆、嘉庆、道光、咸丰、同治、光绪、宣统，共268年（1644—1911），有书院5836所，其数是唐、五代、辽、宋、金、元、明各朝书院总和的1.96倍。其时，十八行省的通都大邑皆设书院，即便是山村水寨，也可寻觅到书院的踪影。这说明，经过千年发展之后，到清代，书院已呈现出遍布天下的普及之势。

清代5836所书院，分布在24个省级区域，每省平均有书院243.167所，大大高于明代的103.263所。考察清代书院的区域分布情况，有以下几个特点值得注意。

第一，书院的分布仍然呈现地区的不平衡

性。首先，书院最多的广东省有659所，最少的新疆、内蒙古、黑龙江、吉林、奉天五省区总计只有50所，两者相差悬殊，虽然与明代相比差距缩小了很多，但两者之间的差距还是很大。其次，北方书院比南方少，东部书院比西部多，东北、西北地区的书院数量，不能和江南、东南沿海地区相比，这和明代基本一样。再次，西南地区发展很快，云南已进入发达省区行列，四川以排名第二进入最发达省份行列，总体超越中原，这又是明代所不曾有的现象。同样值得注意的是，直隶作为北方的代表第一次进入发达省区行列。这些从一个侧面反映了书院的普及与繁荣。

第二，广东保持明代以来快速发展的态势，第一次超过江西，而且是以超过92所的优势，成为书院最多的省区，引领清代书院的向前发展。广东的超越，使江西自五代以来五连冠的地位丢失，由榜首而屈居第三。头把交椅的轮替，体现出书院发展的活力。

第三，书院最发达区域扩大，由明代的江西、广东二省，增为广东、四川、江西、福建、浙江五省。更可喜的是，由五个最发达省区辐射直隶、江苏、河南、湖南、云南五个发达省区，形成十省相连的大面积书院密集区，尽显清代书院普及、辉煌的气派。

清代各朝中，书院最多的是乾隆朝，其次是

康熙朝，第三是光绪朝，三朝合计 3153 所，占已知清代书院总数的 60.321%。总体上看，清代书院在中期和晚期形成两个发展高潮，且晚期的发展速度还要远远高于中期，这是历朝所不曾有的特殊现象。它表明，清代书院是在高速前进中突然终止其发展历程的。清代创建兴复书院的年平均数 21.776 所，和明代的年平均数 7.083 所相比，增长率为 307%。如此大幅度的增长，从一个侧面反映出清代书院普及后的繁荣盛况，也更能表明清代书院盛极而亡的事实。也就是说，存在了近 1300 年的书院制度，是在清末被人活生生地结束其生命历程的。千年书院戛然而亡于盛势，实在是一个值得深思的问题。

在清代书院建设中，官民两种力量所起的作用，基本依循明代形成的格局，民力下降，官方成为推动书院发展的主要力量。另外，皇帝直接加入到书院建设之中，以及外国人、华侨成为书院建设的生力军，也成为继少数民族成员成为主要力量之后的三个亮点，造就了皇家书院、教会书院、华侨书院这三个新的书院类别，是为清代书院建设的特色，值得引起注意。

第二节 清代书院的普及发展

雍正后期，结束抑制之举，确立全面支持书院发展的政策之后，自朝廷到省、府、州、县各级官府，都堂而皇之地强力加入书院建设的行列，致力于作为“古侯国之学”的官方书院体系的创立。受其影响，民间力量启动，以更大的热情投入书院建设，家族书院、乡村书院不断涌现。于是，官力、民力再度结合，以强劲之势，在清代中后期，推动书院进入一个前所未有的普及性大发展阶段。

一　清代书院发展的阶段性特征

清代书院的发展，大体可以分为四个阶段。自顺治至康熙为第一阶段，是书院的恢复发展期。雍正、乾隆年间，为第二阶段，是书院的全面大发展期。嘉庆、道光、咸丰年间，为第三阶段，是相对低落期。同治、光绪年间，为第四阶段，是书院高速发展、快速变化并最终改制期。各个时期都有其阶段性特征。第一个时期的情况已备记于前，兹分述后三个时期的情况如下。

1. 雍正、乾隆时期的书院及其发展特点

雍正朝仅 13 年（1723—1735）时间，全国各地新创建书院 324 所，修复旧书院 38 所，共计 362 所。因此，步入快速发展轨道是雍正时期书院的最大特点之一。此外，建立省会书院，重点建设 23 个国家级学术教育中心，遍设正音书院以推广官话于“凡有乡音之省”等，都是十分明显而重要的特征。

乾隆朝（1736—1795）历时 60 年，是中国历史上有名的太平盛世。其间新建书院 1173 所，修复旧书院 223 所，合计 1396 所，位居历朝之首。其勃然兴盛之势，于此可见一斑。

乾隆时期的书院有两个非常明显的发展特点。第一，书院讲学由程朱理学转为经史考据之学。清初顺康之世，书院讲学承明代遗绪，辟王崇朱，并再次确立程朱理学为官方哲学。及至康乾之间，书院讲学之人，又有取法汉儒而注重考订名物训诂者，世称朴学，亦名汉学。于是清初的宋明之辨，转而成为汉宋之争，乾隆年间，学风为之丕变。书院与乾嘉汉学又一次以一体化形式而获得大发展，营造出共同的辉煌。有关书院与汉学的关系，以下将有专门讨论。这里我们所要强调的是，书院讲学之风在乾隆年间出现的变化。以书院而论，乾隆二年（1737），钟山书院山长杨绳武所订学规，以训诂、义理、文章三者释“穷经学”，更辅之以“通史学”，实开朴学之先机。其后，经卢文弨、钱大昕、姚鼐、孙星衍、朱珔、胡培翚、缪荃孙等历任山长将其发扬光大，钟山书院遂以总督所辖而成为两江（苏、皖）地区影响最大的汉学中心。就政府而言，乾隆十年（1745）殿试策问中加入经史内容，一改心性天理一统天下的局面，也成为官方提倡博习经史词章之学的风向标。

第二，书院与科举结合而趋于取代官学。清承明制，设计国子监和府、州、县学等各级学校以教育、培养士人，又以科举考试验收、选拔人才，此即所谓教之法与取之法并举，规制完略。乾隆元年（1736）上谕，将书院定性为“古侯国之学”，以求“导进人才”，而“广学校所不及”。也就是说，按当初的设想，是要在官学这一国家养士的正途之外，以书院为另一途径而培养人才。当时，很多地方大员为防止重蹈官学沦为科举附庸的覆辙，大多又本“乐育之盛心，作人之雅化”，提出书院特色的“教士之法”，努力的结果是书院逐渐取代官学而成为国家养士的主要场所。

2. 嘉、道、咸时期的书院及其发展特点

嘉庆、道光、咸丰三朝，共66年。是期既

居康乾盛世之后，又遭外国殖民侵略，更历太平天国起义，内忧外患，国势衰落。但受前期大发展的惯性推动，书院仍有较大规模的发展，共创建修复 1116 所。是期的书院尽管气势渐弱，但仍在以相当快的速度向前发展。这就是清代中期书院的大致生存状态。

纵观是期书院发展趋势，有三个主要阶段性特征。

第一，汉学旗帜高扬，书院形成了以阮元创办的杭州诂经精舍、广州学海堂为代表的改造型书院，集结阮元、王引之、段玉裁、陈寿祺、陈澧等一大批汉学名师，以讲授汉学、博习经史词章为主要学术特征，带领院中生徒完成并出版《经籍纂诂》《十三经注疏》《学海堂经解》等标志性学术成果，可以视作汉学的收获期，是为当时书院讲学的主流。

第二，朝廷于嘉庆二十二年（1817）、道光二年（1822）、道光十四年（1834）、道光三十年（1850）屡颁诏令，整顿书院，试图重振其势。谕旨表明，统治者试图以院长人选为核心，解决师资下降而引起的书院办学中的各种问题，其间还涉及规章制度、教学内容等，意在重振衰落的书院。

第三，民间力量参与书院管理。与官府强调师资管理相配合，民间有许多书院改订章程，将山长的延聘权力、经费管理权等从官府转入士绅手中。聘任山长的权力是由上宪下移到州县长官，再由州县长官下移到主持地方公论的士绅这样一个过程。虽然地方长官凭借权力资源，仍然可以操控其事,但毕竟他们要受地方公论的约束，出现了一个打破官府一统天下，民间士论多少可以影响山长的选任和任期的趋势。这是一种进步，是封建专制制度下透出的一线民主之光。

3. 晚清书院的超高速发展

同治朝（1862—1874）共13年时间，在清代是有名的“中兴”时期。其时，扫荡东南的太平天国运动，在岳麓书院学生曾国藩、曾国荃、胡林翼、左宗棠等“中兴将相”所指挥的湘军镇压下最终失败，长达14年的战争结束，社会恢复稳定，洋务运动渐兴，西学东渐速度加快。总之，久乱初平，国家“中兴”，书院在社会的巨大期望中也得到超乎寻常的大发展。据统计，同治年间创建书院440所，恢复旧书院28所，合计468所，年平均高达36所，名列清代第一。光绪年间（1875—1908），书院继续保持高速发展的态势，新建793所，修复旧书院27所，合计820所，总数仅次于乾隆、康熙而位居第三，年平均数为24.118所，仅次于同治、雍正两朝。

以上的情况表明，同治、光绪40余年间，书院进入其近1300年历史上从来没有过的高速发展期。光绪二十七年（1901），诏令改全国书院为大、中、小三级学堂，犹如一把利刃，活活斩杀了大发展中的书院，人为地制造了中国制度史上罕见的落幕于辉煌的悲剧。虽然，书院改学堂接通了中国古代与近现代教育的血脉，我们可以说书院在改制中获得了永生，但实在有太多的问题可以讨论。此其一，晚清书院突然死亡于超高速发展之中。

其二，官方与民间两股力量的合一，是创造同、光两朝奇迹的主要原因。就官方而言，大乱初平，即将目光由军武迅速转移于文教，希望借书院来“底定”人心，中兴国家，这不能不说是一种政治远见。在这种思想指导下，地方军政大员如曾国藩、曾国荃、左宗棠、李鸿章、丁宝桢、刘坤一、张之洞等或亲自出面，或饬令下属创建、修复废坏于战乱之中的书院。除了官府力量之外，同治、光绪年间书院的火爆，更得力于民间力量。如果说，官府主导晚清书院的发展方向，把握了书院的“质”的话，那么，民间力量则以数量取胜，维持着书院的“量”。民间力量成了支撑晚清书院大厦最重要的梁柱，亦是推动晚清书院超高速发展的另一个动力系统。

二　清代书院的普及性大发展

清代书院的普及是多层面、全方位的。就全国范围而言，书院已分布于现今的31个省区，以及香港、澳门特别行政区。也就是说，在今日中国版图之内，当时除了西藏没有书院之外，其他各省区都有书院，其普及之广是前所未有的。此乃名副其实的遍布天下，这是一个总的情形。具体而言，还表现在以下几个方面。

首先，挺进边疆，在历史上没有书院的地区创建书院，推行儒家文化，这是书院普及最突出的表现。在东部海疆，自康熙二十二年（1683）收复台湾，清政府设台湾府统辖全岛，即由福建水师提督施琅创建西定坊书院于府城（今台南市），从此开始了台湾书院200余年的发展历程。全台书院有60余所，其办学层次各异，高、中、低都有，用以适应不同层次的文化需求，其最高者为府城的海东书院，清政府将其定为学政所辖的省会书院，属全国最高一级书院。其他府厅县级书院之外，多为乡村、家族书院，总体水平不是很高，它们遍布南北，对儒家文化在台湾岛的传播却有着不容忽视的贡献。其他如西部新疆，乾隆年间就有书院8所；东北龙兴之地，自康熙十五年（1676）为宁古塔龙城书院赐额开始，前后创建书院在37所以上。

其次，在已有书院地区建立更多书院，是清代书院普及的另一重要表现。以书院最多的广东省（含今海南）为例，当时所辖有84个县级政区，已经完全做到每县皆有书院，而且是城乡都有书院。如果以659所书院的总数来平均的话，则每县有7.845所，比例非常高。

除了以上两点之外，书院的普及还表现在一些地方的书院同城联系，上下相属，形成了一种有如宋代“潭州三学”式的递相升进的体制。最典型的是福州城，康熙年间，先修复创建于明代万历年间的共学书院，以招八闽诸生肄业。康熙四十六年（1707），巡抚张伯行创建鳌峰书院，祀宋代周、二程、张、朱五子，刊印理学丛书《正谊堂全书》。于是两院互为辅翼，共学书院诸生中的优秀者，得升入鳌峰书院深造，二者之间实有“上下庠”之别。后来共学书院衰落，到嘉庆、道光年间被凤池书院所取代。凤池专课童生，鳌峰书院专课生员（秀才）。同治五年（1866），左宗棠重新校刻《正谊堂全书》，创建正谊书院【图6-3】，专招举人与贡生。同治九年（1870），巡抚王凯泰以省城鳌峰、凤池、正谊所课皆为举业，乃另建致用书院，学重经史，倡导经世，招收鳌峰、凤池、正谊三院中专习经史之业的生徒肄业。这种情况比较常见，如四川成都潜溪书院，生童官课附考于锦江书院，则潜溪书院实为锦江书院之副。如湖南长沙城南书院、岳麓书院同为省城书院，但乾隆年间，城南书院仅招长沙府属十三县生童，岳麓书院则招全省生员，城南书院诸生考试优秀者可升入岳麓书院肄业。如河南开封，大

图 6-3 福州正谊书院石额

梁书院为省城书院，生童并课，彝山书院则由开封府创建，专课童生，形成分工合作。这是一种普及后的提高，体现了更高层次的普及。

第三节　省会书院

适应书院普及的形势，打破宋元以来所谓天下四大书院的局限，诏令建立省会书院，朝廷颁布优惠政策，集中地方人力、财力与学术人才资源等优势，在各省建设好一到两所重点书院，使其成为风范一省的文化、学术、教育中心，引领各地书院的发展，是清代对于书院发展事业所做的建设性贡献。总结其经验教训，对于我们今天建设重点高校及学术研究基地都有借鉴意义。

一　省会书院的建立

真正意义上的省级书院出现于明代嘉靖、万历年间，以桂林宣成书院、济南历山书院为代表。清雍正十一年（1733），诏令各总督、巡抚于其驻节之地建立省会书院，这是清代正式建立省级书院的标志。于是，总督、巡抚奉诏在各省省会相继建立了置于其直接控制之下的23所省级书院，它们是：

莲池书院，在保定，属直隶省（今冀、京、津）。

泺源书院，在济南，属山东省。

晋阳书院，在太原，属山西省。

大梁书院，在开封，属河南省。

钟山书院，在江宁（今南京），属江南省（今沪、苏、皖）。

紫阳书院，在苏州，属江苏省（今苏、沪）。

敬敷书院，在安庆，属安徽省。

豫章书院，在南昌，属江西省。

敷文书院，在杭州，属浙江省。

鳌峰书院，在福州，属福建省（今闽、台）。

江汉书院，在武昌，属湖北省。

岳麓书院，在长沙，属湖南省。

城南书院，在长沙，属湖南省。

关中书院，在西安，属陕西省。

兰山书院，在兰州，属甘肃省（今甘、宁）。

锦江书院，在成都，属四川省。

端溪书院，在肇庆，属广东、广西省（今粤、琼、桂）。

粤秀书院，在广州，属广东省（今粤、琼）。

秀峰书院，在桂林，属广西省。

宣成书院，在桂林，属广西省。

五华书院，在昆明，属云南省。

贵山书院，在贵阳，属贵州省。

沈阳书院，在奉天（今沈阳），属盛京（今辽宁）。

清代的省级书院除了上述总督、巡抚驻节之地的省会书院之外，还有由学政创建、主持的书院。清于全国设学政二十人，顺天、奉天、山东、山西、河南、江苏、安徽、江西、福建、台湾、浙江、湖北、湖南、陕西、甘肃、四川、广东、广西、云南、贵州各一人，一般皆驻于各省省会，唯江苏驻江阴县，安徽驻太平府（今当涂），陕西驻三原县，广东先驻肇庆，后移广州。另外，台湾学政没有专人，建省之前由台厦道、巡台御史、台湾道、福建巡抚等兼任，建省后由台湾巡抚兼任。由于这些不同，衍生了学政主持的省级书院，其著名者有江苏学政所属的江阴县暨阳书院、南菁书院，陕西学政所属的三原县宏道书院、泾阳县味经书院、崇实书院。

在学政主持的省级书院中，以福建台湾府的海东书院比较特殊。海东书院在台湾府城，康熙五十九年（1720）由台厦道梁文煊创建，不久改为岁科考试之所。乾隆五年（1740），新建试院落成。台湾道刘良璧捐俸倡修原海东院舍，贡生施士安又捐稻谷千斛、水田千亩充为膏火之资，使其规模和经费都达到了一定的高度。其时巡台御史兼学政杨二酉遂奏请朝廷，议准海东书院“照省会书院之制，每学各保数人送院肄业，令该府教授兼司训课”。从此，海东书院即以府级书院之实而厕身于省级书院之列，并受到历任台湾学政的重视，发展成为台湾和澎湖列岛的最高学府，人称“全台文教领袖”。

以上这些省会书院，它们构成清代省级书院的主体，自雍正以来，一直受到中央政府和各省政要的关顾，因而得到了长足的发展，成为各省的文化教育中心。通观这些书院，有如下一些特点应予注意。

一是经费充足。各省城书院在雍正十一年（1733）正式确认之时，就获得了皇帝恩赐的帑金，其数一般是每院一千两白银，最少的也是两院共一千两。这些银两或委员经理，或置产收租，或筹备赏供，所获赢利皆用来作为书院师生膏火。如果收入不够开支，则准许在“存公项下拨补，每年造册报销”。这就使得省城书院与官府银库联系在一起，从而获得了充分的经济保障。

二是频频受到皇帝的关顾。自雍正皇帝下诏建省城书院并赐给帑金以来，历代皇帝皆以各种方式关顾着其建设与发展。乾隆皇帝曾多次亲临莲池、紫阳、敷文等多所省会书院接见师生。嘉庆、道光、同治诸帝对省会书院的建设皆做过指示。在封建社会，至高无上的皇帝的关顾，使省会书院在获得实际发展的同时，也获得了巨大的社会影响力，形成了领袖当地道、府、州、县、乡村各书院的声望。

三是师资水平高。为了保证省会书院的学术权威性，朝廷要求“凡书院之长，必选经明行修，足为多士模范者，以礼聘请”。因此，各省会书院所聘院长多为一代名流。如岳麓书院自雍正十一年起至改学堂为止，170 余年间，知名的院长有 23 人，其中，进士 21 人，举人 1 人，贡生 1 人。而无论其出身高低，例皆著作等身的饱学之士。高水平学者主掌书院是省城书院维持其高踞本省教学和学术研究中心地位的可靠保证。

四是肄业诸生须在全省范围之内经过严格筛选方可入院。“生徒由驻省道员专司稽察，各州县秉公选择，布政使会同道再加考验，果系材堪造就者，方准留院肄业”。生徒入院之后，朝廷又令各总督、巡抚会同学政等各级官员进行层层筛选，而且设置专司道员稽查，这中间虽有严加控制之意，但也反映了政府对省级书院生徒的重视，这是同期各道、府、州、县级书院做不到的，也是唐宋元明各朝所未曾有过的。

五是规模大，招生多。省会书院的规模都比较大，不仅院舍宏大，全省首屈一指，而且招生人数也是最多的，一般都在二百人左右，雄踞各道、府、县、厅书院之首。

六是课程设置由朝廷议准通行。各地省会书院的教学内容、程序等，乾隆九年（1744）也曾由部议准通行。其中对于经史之学的提倡和重视，通过书院的管线由省及府及州及县而贯通于全国，我们认为这对于乾嘉朴学之盛的形成起了极大的推动作用。至于将治术之书和八股文定为省级书院的必修课程，在当时实乃培养人才的需要，因为八股为科举考试之具，科举为国家选拔人才的主途，而所谓治术即治理国家的方法与艺术。两者的同时讲求，使书院肄业诸生既有入仕之具，又有治国之术，从设计上讲是无可挑剔的，只可惜在日后的执行过程中，出现了重八股轻治术的偏差，其尤甚者使书院变成了科举的附庸，这是始料未及的，也是极不可取的。

总之，省会书院是中国书院历经千年发展积累之后，由中央政府主管并交由地方最高一级政区分头建设的国家重点教育学术工程，它散布于全国各个省区，成为各省的教育、文化与学术中心，其有关经费筹措、师资建设、学生管理等方面的做法，皆有值得今天的教育主管部门借鉴之处。

二　省会书院的新生代

清代中后期，为了适应变化了的学术形势与教育需求，省级书院又有新的发展，除原来省会书院之外，在很多省会城市又增设了一些在全省或两省范围之内招生的新生代省级书院，其有名可考者有如下一些。

金台书院，在京师（今北京）。

惜阴书院（书舍），在江宁，属江苏。

文正书院，在江宁，属江苏。

正谊书院，在苏州，属江苏。

南菁书院，在江阴，属江苏。

诂经精舍，在杭州，属浙江。

求是书院，在杭州，属浙江。

凤池书院，在福州，属福建（今闽、台）

正谊书院，在福州，属福建（今闽、台）。

友教书院，在南昌，属江西。

经训书院，在南昌，属江西。

明道书院，在开封，属河南。

经心书院，在武昌，属湖北。

两湖书院，在武昌，属湖北、湖南。

求忠书院，在长沙，属湖南。

校经书院，在长沙，属湖南。

时务学堂，后改为求实书院，在长沙，属湖南。

广雅书院，在广州，属广东、广西。

越华书院，在广州，属广东。

学海堂，在广州，属广东。

菊坡精舍，在广州，属广东。

应元书院，在广州，属广东。

榕湖经舍，又名经古书院，在桂林，属广西。

桂山书院，在桂林，属广西。

尊经书院，在成都，属四川。

正习书院，后改名学古书院，在贵阳，属贵州。

正本书院，在贵阳，属贵州。

味经书院，在泾县，属陕西、甘肃。

崇实书院，在泾县，属陕西、甘肃。

求古书院，在兰州，属甘肃。

博大书院，在迪化（今乌鲁木齐），属新疆。

令德书院，在太原，属山西。

萃升书院，在奉天（今沈阳），属盛京（今辽宁）。

这批新兴的省级书院和雍、乾时期的省会书院相比，有自己的特色。

第一，它们的主流或如诂经精舍、味经书院，其创建的目的是以经史实学去救书院堕落为科举附庸的流弊，意在回归传统，推古求新，重振书院事业；或如校经书院、两湖书院，其创建的目的是讲求中学，引入西学，试图以中西结合之方，为传统的书院事业注入新的活力；或如求是书院、崇实书院，以讲求新学、西学为主，尝试着将中国古老的书院制度和西方近代教育制度接轨沟通……它们皆是书院改革的产物，记录着书院制度由古代走向近代、不断向前发展的步伐。

第二，这批书院和老的省会书院一样，同是一省文化、学术、教育中心，但其影响力要来得快得多，而且也要强大得多。无论是诂经精舍、

图 6-4 梁启超题“时务学堂故址”

学海堂等在嘉庆道光年间卷起的朴学之风，还是校经书院、时务学堂【图 6-4】等在光绪年间掀起的三湘新政大潮，其来势之快，冲击力之大，影响之深远等都是老的省会书院所难以比拟的，而且像莲池、钟山、岳麓、秀峰等这些大佬级书院还受其影响，相继出台了一些改章改课的措施，以顺应时代的发展变化。

第三，其发展或如应元书院专课举人；或如求忠书院专课湘军阵亡将领子弟，有类贵胄学校；或如经训书院、菊坡精舍等重经史而不习举业；或如崇实书院讲求“格致”，设置制造课程，开中国近代机械工业教育之先河。凡此种种，呈现出一种多样化、专门化的趋势，改变了过去旧的省会书院的单一性、重复性分布的状况，从一个侧面反映了书院开始迈入近代化的进程。

第四节 清代书院与学术的共鸣

乾嘉汉学是清代乾隆、嘉庆年间出现的全国性的以经学为主要研究对象的学术流派。这一学派的出现和发展既是清廷在思想意识形态领域所推行高压政策的结果，又得到官方的扶植，其影响很快就波及全国，“崇宋学之性道，而以汉儒经义实之，圣学所指，海内响风”[①]。而乾嘉汉学的产生、发展和广为流布都与书院密切关联，不仅大多数乾嘉汉学学者或肄业、或讲学、或任教于书院，且以阮元为代表的学派中坚直接创办诂经精舍和学海堂，专课经史训诂之学，以崇扬乾嘉汉学，成为其学派研究、人才培养和传播基地，不仅使东南地区形成了重汉学的学风，而且成为各地书院改革过程中的楷模。

一 书院与乾嘉汉学的兴起

乾嘉“汉学”与重视阐发儒家经典中义理的

① [清]阮元：《揅经室一集》卷二，《拟国史儒林传序》，北京：商务印书馆，1936年，第32页。

①［清］皮锡瑞：《经学历史》，上海：上海书店，1996年，第355页。

"宋学"不同，它主要注重对经史的考据、训诂。皮锡瑞在《经学历史》中说："乾隆以后，许、郑之学大明，治宋学者已尟。说经皆主实证，不空谈义理。是为专门汉学。"①这种重证据、重事实、说理论证的专门汉学，又被称为朴学。

一般认为，乾嘉汉学导源于明末清初之际的思想启蒙学者黄宗羲【图6-5】、顾炎武。二人的学术宗旨和研究方法直接影响了雍乾时期的学者，成为乾嘉汉学的先导。若论其兴起，则又有它的特殊历史原因和政治原因。清政府实行文化专制政策，大兴文字狱，一大批学者不得不把自己的精力才智耗费在故纸堆里，专门在古书中寻章摘句，考据训诂。在这种条件下，重考据的专门汉学就兴盛起来了。应该说，"汉学"的发展是清廷在思想意识形态领域推行高压政策的结果，由于得到官方的扶植，其影响很快就波及全国。

图6-5 黄宗羲

以书院而论，乾隆二年（1737），钟山书院山长杨绳武制订学规，以训诂、义理、文章三者释"穷经学"，更辅之以"通史学"，实开朴学之先机。其后，经卢文弨、钱大昕、姚鼐【图6-6】、孙星衍、朱珔、胡培翚、缪荃孙等历任山长发扬光大，钟山书院遂以总督所辖而成为两江地区影响最大的汉学中心。就政府而言，乾隆十年（1745）殿试策问中加入经史内容，一改心性天理一统天下的局面，也成为官方提倡博习经史词章之学的风向标。

杨绳武的《钟山书院规约》分先励志、务立品、慎交游、勤学业、穷经学、通史学、论古文源流、论诗赋派别、论制义得失、戒抄袭倩代、戒矜夸忌毁等共十一条。兹引“穷经学”“通史学”二条如下：

一、穷经学　经之名起于《礼记·经解》，《易》《诗》《书》《春秋》《礼》《乐》所谓“六经”也，亦曰“六艺”。《史记》载籍极博，必考信于六艺。“五经”之名则自汉武置五经博士始，合《易》《诗》《书》《三礼》《三春秋》为九经，益以《尔雅》《论语》《孝经》《孟子》为“十三经”。唐开成中有“九经”之刻，宋李至、刘敞各有“七经”之说，其后或为“十经”，或为“十一经”，至“十三经”而大备。说经者或为传，或为学，或为笺注，或为疏解，或为章句。“十三经”有注疏，“五经”有大全，而注疏、大全而外又有历代经解。其书具在，都未失传，真理学之渊海也。大抵汉儒之学主训诂，宋儒之学主义理，晋、唐以来都承汉学，元、明以后尤尊宋学，博综历代诸家之说，而以宋程、朱诸大儒所尝论定者折衷之，庶不囿乎一隅，亦无疑于歧路。古人穷经，不专为文章，而文章之道，

图 6-6 姚鼐

亦非经不可。韩子曰："上规姚姒，浑浑无涯，《周诰》《殷盘》，诘（佶）屈聱牙，《春秋》谨严，《左氏》浮夸，《易》奇而法，《诗》正而葩。"柳子曰："本之《书》以求其质，本之《诗》以求其变，本之《礼》以求其宜，本之《春秋》以求其断，本之《易》以求其动。"合二子之论文，可以知文章之道非原本于《经》不可矣。

一、通史学　史之体有二：一曰纪事，一曰编年。《史记》以后，"二十一史"皆纪事也。司马氏《通鉴》，朱子《纲目》，皆编年也。纪事之体又有二：一曰纪传，一曰表志。纪传之学，《通鉴》《纲目》集其成；表志之学，杜佑《通典》、郑樵《通志》、马端临《文献通考》汇其萃。正史而外，又有旁史、旧史，如荀悦《汉纪》、刘昫《旧唐书》之属。《通典》《通考》《通鉴》《纲目》俱有续者，而前如刘知几《史通》，后如胡寅《读史管见》，皆史学之科律也。要而论之，文笔之高莫过于《史》《汉》，学问之博莫过于郑渔仲、马贵与，而褒贬是非之正莫过于朱子《纲目》。师子长、孟坚之笔，综渔仲、贵与之学，而折衷于朱子之论，则史家才、学、识三长，无以复易矣。[①]

①［清］杨绳武：《钟山书院规约》，《中国书院学规》，长沙：湖南大学出版社，2000年，第25—26页。

殿试策问以科举考试“指挥棒”而导引士气学风之功，是不言自明的。兹引有关经史试题如下：

乾隆十年（1745）殿试题云：“五、六、七、九、十一、十三之经，其名何昉？其分何代？其藏何人？其出何地？其献何时？传之者有几家？用以取士者有几代？得缕晰而历数欤？”（《清高宗实录》卷二百三十九）

乾隆二十八年（1763）殿试策问：“史有二体，纪传法《尚书》，编年法《春秋》。朱子本司马光《资治通鉴》之旧，大书分注，约为纲目，囊括一千三百余年史事，为编年正轨，足便览观。厥后，薛应旂有《续通鉴》，商辂有《宋元续纲目》，能不失二书初指否。《明通鉴纂要》本出自官辑，与顾锡畴、王世贞、陈仁锡辈取备兔园册子不同，而隶事详略亦未完善。已命馆臣厘次分进，几假手评骘。凡前史义例未安，必往复刊定，勒为辑览一编，嘉惠来许。有志三长之学者，夙习发明书法，考异集览诸家之言，能研核折衷而切指其利病否？”（《清高宗实录》卷六百八十五）

非常明显，殿试有关经史内容的二道策问，几乎就是从《钟山书院规约》中摘引而成。这种巧合，似乎可以说明书院讲学转移学风的功力甚巨。当然，钟山书院影响之大，由此亦可概见。

乾隆、嘉庆年间，汉学经由创建兴复者的

①戴逸：《汉学探析》，《当代学者自选文库·戴逸卷》，合肥：安徽教育出版社，1999年，第302页。

提倡，山长的学术示范，诸生的相互影响与传播，蔚然成为风尚，形成了以苏州紫阳书院、徽州紫阳书院、扬州安定书院与梅花书院等为大本营的吴、皖、扬州三大考据学派，各自集结了一大批汉学家，进行汉学研究与传播。

“吴派”以惠栋为代表，率先以古文经形式进行纯汉学研究。它以苏州紫阳书院、南京钟山书院这两所省会书院为主要学术基地，主要有王鸣盛、钱大昕、汪中、江藩等学术大师。比吴派稍后崛起的“皖派”，以徽州紫阳书院【图6-7】为主要基地，以戴震【图6-8】为学术代表，著名学者有段玉裁、王念孙、王引之、任大椿、卢文弨、胡培翚等。皖派在学术造诣上要高于吴派，“皖派的出现，是清代学术发展的高峰”[1]。继吴派、皖派之后，扬州学派也从事汉学研究，其研究内容最为广博，它的主要学术基地是扬州的安

图6-7 徽州紫阳书院形胜图

定书院【图 6-9】和梅花书院。张舜徽先生在比较三派特点以后，认为“清代学术，以为吴学最专，徽学最精，扬州之学最通。无吴、皖之专精，则清学不能盛；无扬州之通学，则清学不能大”[①]。

吴派、皖派和扬州学派的产生、发展都与书院有着不可割舍的联系，各派的领袖人物和中坚学者或肄业、或执掌、或任教于书院，在乾嘉汉学的形成和发展过程中发挥了不可替代的作用。不少书院由于讲求乾嘉汉学而恢复了自由讲学、教学与研究相结合的特点，使书院存在的合法性在清代又获得了新的内涵，这是宋代以来书院与学术一体化在清代的延续。但是在科举几乎是士人仕进唯一途径的清代，要传授与科举考试内容基本不相关的乾嘉汉学是相当难让士人接受的，而且乾嘉汉学大师一般也是通过科举之学获得功名以后才专汉学的，因此，无论是吴派的大本营苏州紫阳书院、皖派的徽州紫阳书院，还是扬州学派的安定书院、梅花书院，都在讲求汉学的同时讲授科举之学，考课也是科举之学和汉学并举，甚至有的书院在某些时段还以科举之学为主。因书院的这种情形不能满足乾嘉学者的需要，乾嘉学者希望创办新型的专门讲求汉学的书院，作为乾嘉汉学中坚的阮元承担起了这一历史使命。

二　诂经精舍、学海堂与乾嘉汉学的鼎盛

诂经精舍和学海堂创建后，通过卓有成效

①张舜徽：《清代扬州学记》序，上海：上海人民出版社，1962年，第2页。

图 6-8 戴震

图 6-9 安定书院讲堂

的汉学研究、人才培养和刊刻学术著作等方式直接扩大了乾嘉汉学的影响，对乾嘉汉学的传播有巨大的推动作用，是清代乾嘉汉学发展步入成熟期的重要标志，同时也是清代书院发展的转折点和里程碑。[①]

阮元（1764—1849），字伯元，号芸台，江苏仪征人。乾隆五十四年（1789）中进士，曾任山东、浙江学政，内阁学士，礼部侍郎，嘉庆四年（1799）会试的主考官，浙江、江西、河南三省巡抚，湖广、两广、云贵总督，号为乾、嘉、道“三朝阁老”“九省疆臣”。他不仅在仕途上为自己赢得了显赫的地位，而且在和扬州学派的汪中、焦循，以及皖派大佬王念孙、任大椿等人交

①李国钧：《中国书院史》，长沙：湖南教育出版社，1994 年，第 906 页。

往中，逐渐将自己也锻炼成一位经学大师。

诂经精舍在杭州。清嘉庆五年（1800），浙江巡抚阮元等创建于西湖孤山。原为嘉庆二年（1797）阮元为浙江学政时遴选浙士编纂《经籍纂诂》之地。“诂经者，不忘旧业，且勖新知也。”[①]祀东汉许慎、郑玄，立教以穷经致用、实事求是为旨。精舍楹帖云：“公羊传经，司马著史。白虎德论，雕龙文心。”[②]舍内设掌教，亦称主讲、山长或院长，由巡抚聘任。下设监院，职掌教课，亦称学长，由巡抚委任。肄业生徒，初定 32 人，遴选浙江全省 11 郡诸生中经学修明，通于一艺者充之。后不断扩充学额，曾增至 60 名。课程以经史、小学、天文、地理、算法、词章为内容，一变自宋以来专习理学之风。每月课试不用扃试糊名法，任生徒搜讨书传条对，以观其学识。李元度《阮文达公事略》称：“不十年，上舍士致身通显及撰述成一家言者，不可殚数，东南人才称极盛焉。”[③]历任掌教者皆一代名流，自阮元后，有王昶、孙星衍、俞樾等，以俞为时最久，蝉联 31 年。最具代表性的学术成就为《经籍纂诂》《十三经注疏校勘记》等书，又选诸生课艺精华，刻《诂经精舍文集》8 集 2000 余篇。

学海堂在广州。清道光四年（1824），两广总督阮元为课全省举、贡、生、监经解诗赋，创建于粤秀山。此地枕城面海，林峦叠翠，地极幽胜。

①［清］阮元：《诂经精舍文集》卷三，北京：中华书局，1985 年，第 61 页。
②王国平等：《西湖文献集成》卷二十，杭州：杭州出版社，2004 年，第 693—694 页。
③［清］李元度：《国朝先正事略》卷二十一，长沙：岳麓书社，2008 年，第 681 页。

依据诂经精舍遗规，订立《学海堂章程》，不设山长，选举学长 8 人，同理课事，各用所长，协力启导，但以拟题评卷为要，教学重视个人志趣、特长。初时，生徒无定额，道光十四年（1834）总督卢坤设立学额生童 10 名。诸生于《十三经注疏》《史记》《汉书》《后汉书》《三国志》《文选》《杜诗》《韩昌黎集》《朱子大全》诸书中，各因资性所近，自选一书肄习，择师而从，谒见请业，以充其善，养其所长。重在自学，颁发课程簿，簿首注明习某书，内分句读、评校、抄录、著述 4 栏，诸生按日填入簿内。各生可依个人程度各取 1 项或兼 3 项，不教制艺，“专勉实学”，以考据训诂之方法治经史，求经文史学切实学问之研究。提倡“事必求其概柢，言必求其依据”，“无征不信”之学风，成为当时考据学之最高学府。清代广东朴学风气，自学海堂而大兴。著名学长有钱仪吉、张维屏、陈澧、金锡龄等人，皆全国一流学者。最有代表性的学术成就为《皇清经解》《学海堂丛刻》《学海堂集》【图 6-10】等，皇皇数千卷，号为“乾嘉经学渊海”。

诂经精舍和学海堂不但是研究、传播乾嘉汉学的大本营，而且成为全国各地书院改革过程中仿效的对象，不少地方大员将此作为革除书院弊端的突破口，纷纷创建专门研习经史考据之学的书院。这在一定程度上反映了乾嘉汉学成为改

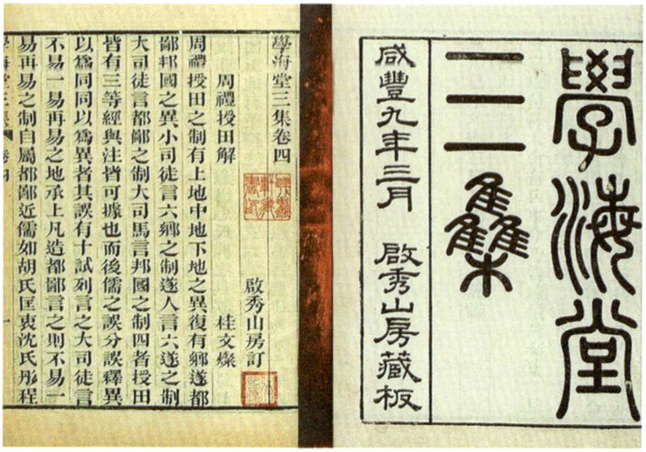
學海堂三集
咸豐九年三月
啟秀山房藏板

學海堂三集卷四 啟秀山房訂

周禮授田解 桂文燦

周禮授田之制有上地中地下地之異復有鄉遂都鄙邦國之異小司徒言六鄉之制遂人言六遂之制大司徒言都鄙之制大司馬言邦國之制四者授田皆有三等經與注皆可據也而後儒之誤分誤釋異以爲同同以爲異者其誤有十試列言之大司徒言不易一易再易之地承上凡造都鄙言之則不易一易再易之制自屬都鄙近儒如胡氏匡衷沈氏彤程

图 6-10《学海堂三集》书影

革旧有书院的动力源泉。

需要指出的是，经由鸦片战争之后带来的内忧外患的激荡，在复古、求实、求真、致用的旗号下，书院转而倡导经世致用的学术风尚，汉学与宋学、理学与经史考据、今文经学与古文经学渐趋于融合，其结果是形成以经古为核心的广义的中学，与强势东渐的西学相抗衡。于是，新学与旧学、西学与中学又变为书院无法避免的教学与学术话题。

第五节　书院的改革与改制

19 世纪后 40 年，即清代同治、光绪年间，书院以新增 1233 所的超高速发展，创造了其近 1300 年历史上从未有过的辉煌。而且，它追随时代的步伐，努力适应社会日益增长并急剧变化的文化教育需求，引入“新学”“西学”作为研究与教学的内容，快速改变、改造、改革自身，开始了其由古代走向近代、现代的历程。然而，正当改革推进之时，朝廷下达了更为激进的改制诏令，全国书院被强令在短期内改为大、中、小三级学堂，匆忙中，古老而悠久的书院走向现代，在改制中获得了永生。

一　传统书院的改革

同治、光绪年间的书院改革，实际上包含着改造传统的旧书院和创建新型书院这样两个层次。总的来讲，书院的改革既有西方列强瓜分中国而带来的国家、民族危亡的外部压力，也有积弊太深而不得不变的内在原因。当国家面临西方列强瓜分而有亡国灭种的危险时，书院还在汲汲于八股时文，还在衰败沉沦，不能满足国家培养救亡图存人才的急切需求。

书院的改革，针对书院存在的弊端而来，究其内容，主要有二：一是将无裨实用的科举之业，一变为经世致用之学，二变为新学、西学。二是重订规章，削减、限制官府权力，引进士绅等民间力量加入管理队伍，从制度上保证所聘山长为学行兼优之人，可以师范诸生。

经世致用原本是一个古老的传统。从研经治史、博习词章出发，阮元在嘉庆、道光年间创立诂经精舍、学海堂，就是以此为旗帜而号召学林的。它以去科举化为目标，以研究经史实学、通经致用为特点，是清代书院的优良传统。到同治和光绪时期，很多地方沿用而光大这一新传统，并由此出发，继续着改革的历程。最能说明问题的要算长沙的湘水校经堂【图 6-11】——校经书院。

湘水校经堂，道光十一年（1831），湖南巡抚吴荣光仿其师阮元学海堂之制建于岳麓书院内。由岳麓书院、城南书院山长欧阳厚均、贺熙龄主持，分经义、治事、词章三科试士，教学汉宋并重，“奥衍总期探许郑，精微应共守朱张”[①]。

①［清］余正焕等编撰：《城南书院志》，长沙：岳麓书社，2012年，第151页。

图 6-11 湘水校经堂

时“多士景从，咸知讲求实学”。光绪五年(1879)，湖南学政朱逌然（肯夫）迁建于城内天心阁城南书院旧址，正式设山长，下辖经、史、文、艺四学长及提调、监院各一人，定额招本省及商籍生徒24名肄业其中。首任山长成孺，刊《校经堂学议》，以经济之学训士，要诸生“寝馈于‘四书’‘六经’，探治平之本，然后遍读经世之书，以研究乎农桑、钱币、仓储、漕运、盐课、榷酤、水利、屯垦、兵法、马政之属，以征诸实用”①。“一时造就人才”，“号称最盛”。

从阮元、吴荣光到朱逌然、成孺，校经堂

① [清]成孺：《校经堂学议》，《岳麓书院一千零一十周年纪念文集》第一辑，长沙：湖南人民出版社，1986年，第29页。

在光大学海堂传统的同时，又开拓出“经济之学”的天地。等到光绪十六年（1890），书院学重通经致用，设经义、治事二斋，专课经史大义和当世之务，要求学生考究“古今天下治乱，中国强弱之故”，“养成有体有用之才”。[①]光绪二十一年（1895），甲午战争失败，痛定思痛后，新任学政江标以变风气、开辟新治为己任，加大改革力度，先是新建书楼，以藏中西学书籍，又改革课程，以经学、史学、掌故、舆地、算学、词章6科课士，别创算学、舆地、方言等学会，制订《校经学会章程》。他还聘请唐才常为主笔，定期出版《湘学报》，分史学、掌故、交涉、商学、舆地、算学6个栏目，发表师生研究成果，宣传维新变法思想，湘省风气为之巨变。这表明，经过几个梯次的递进式改革，主题已经由经世致用、通经致用转变为西学、西艺等自然科学知识，这标志着校经书院已经由古代迈向近现代，基本完成了自身的蜕变。

旧书院通过改订章程，规范管理，建立了现代意义的教学制度，这也是晚清书院改革的重要内容。最初的设想是为了防止聘请山长过程中出现的弊端。其核心是将山长聘请之权分置于官、绅手中，将“经明行修素有名望”者聘为山长的任务交由绅士来“秉公荐引”。而为了防止绅士像官府一样出现弊端，又将山长的最后聘用权交

① [清]张亨嘉：《楚南新建校经书院碑记》，《京师大学堂首任总督张亨嘉文集》，北京：北京大学出版社，2003年，第152页。

由官府执掌。此所谓不由地方官举荐，必由地方官取裁，官民互动互制，从制度上保证了程序的公正无私，可以从源头上防止弊端的产生。需要指出的是，这种制度在新型书院中表现得更为突出，显示出改革在向纵深领域发展。

以上旧书院的改革表明，依凭传统的经世致用旗帜，适应时代前进的步伐，书院有一种调整自己教学内容、管理制度的能力，能够从古代走向近现代。

二　新型书院的创立

同治、光绪之际，号为“中兴”，在充满希望中，先辈们创造性地推出了很多新型书院。新型书院之新主要体现在其研究与教学的内容中出现了前所未有的“西学”成分。以创建者来分，新型书院中有中国有识之士办的，有外国人办的，也有中外人士合办的。

外国人主要是外国传教士，他们创办了百余所教会书院，同光时期，尤其是光绪年间，教会书院的宗教色彩有淡化倾向，声光化电等近现代科学技术知识的内容增加。著名传教士林乐知创建的上海中西书院，就强调“意在中西并重，特为造就人才之举”。教会书院基本上是西式的学校，采用西式教学方法，教授西方文化与科技知识，它对改革中的中国书院而言是一种异质参照物，而对其发展方向更具有一定的榜样性引领作用。

中国人创办的新型书院，起始和旧书院的改革同步，同样是以经世致用、通经致用为旗帜，以旧的优良传统注入新鲜而有时代特色的内容，在发扬光大中前进。这类新型书院，以光绪二十年（1894）甲午中日战争为分隔点，前后有些区别。在此之前，与传统书院的联系较为紧密，大体上是在旧式书院中添加西学课程，以中学为主，西学为辅，但总的趋势是，与旧传统渐行渐远，旧面貌愈来愈少。在此之后，西学成分愈来愈重，尽管大倡“中学为体，西学为用”者如张之洞，也改变不了经史两门传统学科的地位在经心、两湖等书院中日益下降的事实。中学日少，西学日多，日益成为书院朝向近现代化迈进的大潮流。

中外人士合办的书院不是很多，著名的只有上海的格致书院、厦门的博闻书院。格致书院是同治十三年（1874）由英国驻上海领事麦华陀（Walter Henry Medhurst）倡议，英国传教士傅兰雅（John Fryer）、中国绅士徐寿等发起，禀准北洋大臣李鸿章，邀集中西绅商仕官捐建。光绪元年（1875）落成于英租界北海路。书院以“令中国人明晓西洋各种学问与工艺与造成之物”为目标。院内设讲堂、藏书楼及博物馆室，收藏西方各国生产的机器、日用生活品、地图等物。由中西董事各四人共同经理院事，实由徐寿主之。

光绪二年六月廿二日（1876年8月11日）正式开院。先后邀请中外人士如华蘅芳、狄考文等公开演讲电学、化学、解剖学等【图6-12】，并做实验，任人进院参观、听讲和讨论，不收分文。格致书院是一所以讲习西方自然科学技术为主、中西合办的新型书院，存在四十余年（1874—

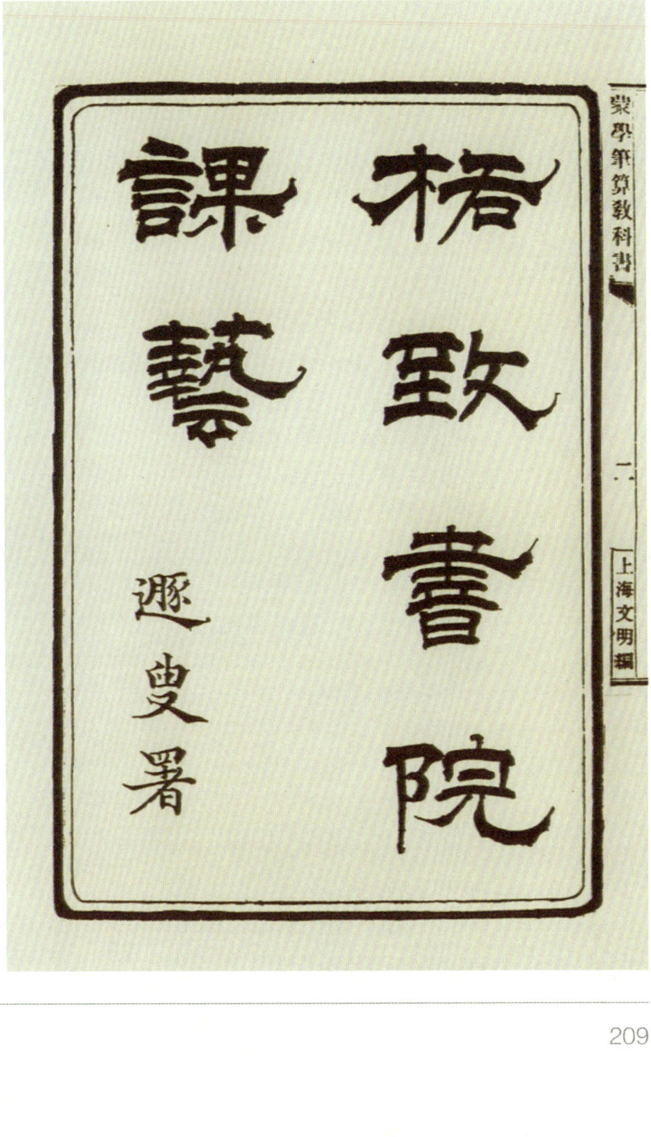

图6-12《格致书院课艺》书影

1914），在徐寿、王韬、傅兰雅等人经营下，致力于中西文化的友好交流，成绩卓然。

三　书院的现代化改制

鸦片战争以来，西方列强以其坚船利炮步步进逼，清政府一败再败，国家主权日渐丧失，但士林或许已经习惯、麻木，残喘于天朝大国之梦，还没有普遍感受到亡国灭种的危机。直到光绪二十年（1894），甲午海战，中国败于学习西方的东邻日本，人们才黄粱梦醒，在幻灭中开始面对残酷的现实，师法明治维新，急忙间推出了戊戌变法运动。于是，起始于同治年间的书院改革进入高潮。

1. 甲午战争以后的书院改革高潮

甲午战争之后，人们普遍认为，“时局日急，只有兴学育才为救危之法”，而“整顿书院，尤刻不容缓。此省先变，则较他省先占便利。此府先变，则较他府先占便利”[①]。在这种心理指导下，书院改革在光绪二十二年至二十四年（1896—1898）形成了一个高潮。当时朝野齐动，提出了好几套改革方案，而且每套方案都指导书院进行了改革实践，使得全国新旧书院都加入到了改革的队伍中。从某种意义上说，正是改革的蓬勃生气，促成了晚清书院的高速发展。

甲午战争之后提出的书院改革方案，大体上可以归纳为三种，即变通章程整顿书院、创建

①林增平、周秋光编：《熊希龄集》上册，长沙：湖南人民出版社，1985年，第49页。

新型实学书院、改书院为学堂。兹按时间先后分述如下。

第一种方案是改书院为学堂。由顺天府尹胡燏棻提出，时在光绪二十一年（1895）闰五月，是一个在省会先行试点，再由省而府而县，自上而下，渐次推广的方案。或许，朝廷忙于割地赔款，此议当时并没有引起重视。光绪二十二年(1896）五月初二日，刑部左侍郎李端棻上奏《奏请推广学校以励人才折》，重提改书院为学堂。这个方案实际上就是改制，改书院之制为学校之制，是三个方案中最激进的。在戊戌改制之前，除谭嗣同想在浏阳试行外，基本上处于无人问津的状况。

第二种方案是设置新型实学书院。光绪二十二年（1896）四月十二日，由陕西巡抚张汝梅、学政赵维熙共同提出，与改学堂和变章程不同，这是一个比较稳妥的方案。次年七月，浙江杭州亦在敷文、崇文、紫阳、学海、诂经、东城六书院之外，另设求是书院，兼课中西实学，成为一个成功的范例。

第三种方案是变通章程，整顿书院。由山西巡抚胡聘之、翰林院侍讲学士秦绶章相继提出，时在光绪二十二年（1896）六至八月，包括课程、师资、经费等内容。到九月，礼部认为所议各条"实事求是起见，应请一并通行各省督抚学政，参酌采取，以扩旧规而收实效"[①]，这个方案下

①朱有瓛：《中国近代学制史料》第一辑下，上海：华东师范大学出版社，1986年，第158页。

发后，各地纷纷响应。

以上三种方案，朝廷一并通行各省督抚学政，参酌办理。于是，各地根据自己的实际情况执行，在光绪二十三年（1897）掀起了一个改革高潮。

2. 戊戌书院改制及其失败

各地书院改革进入高潮之时，朝廷推出了维新运动，而实施书院改制是运动的主要内容之一。光绪二十四年（1898）五月二十二日，光绪皇帝完全采用康有为七天前在《请饬各省改书院淫祠为学堂折》中提出的激进办法，发布上谕，限令两个月之内，将全国大小书院改为兼习中学、西学之学校。改制令下，各地奉旨执行。唯其时维新政令日出，应接不暇，地方或以书院为不急之务而多有视为具文者，而朝廷也似乎忘记限令两月之约，再加改制不及百日，即随西太后政变而告停止，改制成效甚微，全国各省书院改为学堂者仅能辑录20余所。

维新失败之后，反对书院改制之声日高，九月三十日，西太后下达申明旧制懿旨，因“书院与学堂名异实同”，不必更改。至此，戊戌书院改制之举被彻底否定。

3. 20世纪初的书院改制

20世纪的开年，即光绪二十六年（1900），义和团兴，英、法、德、俄、美、意、日、奥八

图 6-13 刘坤一

国联军入侵，占领北京，朝廷逃往西安。为了自保，十二月初十日（1901 年 1 月 29 日），慈禧太后被迫宣布变法，要求文武百官、驻外使臣各提建议，再行“新政”。

光绪二十七年（1901）五月，权重一时的湖广总督张之洞、两江总督刘坤一【图 6-13】，联名上奏“江楚会奏变法三折”其中第一折《变通政治人才为先遵旨筹议折》，主张建立包括文武农工商矿各类各级学堂的近代学制体系。于是，清政府采用张、刘二人建议，在光绪二十七年八月初二日（1901 年 9 月 14 日）正式下达书院改制上谕。

新世纪的书院改制诏令，其前既有名正言顺的借口，其后又有《壬寅学制》（1902）、《癸卯学制》（1903）相配套，因而推行较为顺利，到清末，各省书院基本改制成学堂，古老而传统的书院跨向近现代，接通中国文化教育发展的血脉，在改制中获得了永生。据笔者近年主持《清史·书院学校表》的不完全统计，全国至少有 1606 所书院改为各级各类学堂【图 6-14】。可以说，晚清所存书院几乎全部转型为学堂、学校，古代与近代的对接是整体性的，书院既是中国近现代教育的起点，也是其基点，从书院到学堂，实则成了近代学制最坚实的基础，中国教育正是在这个基础之上逐步发展完善，从而形成今日这样

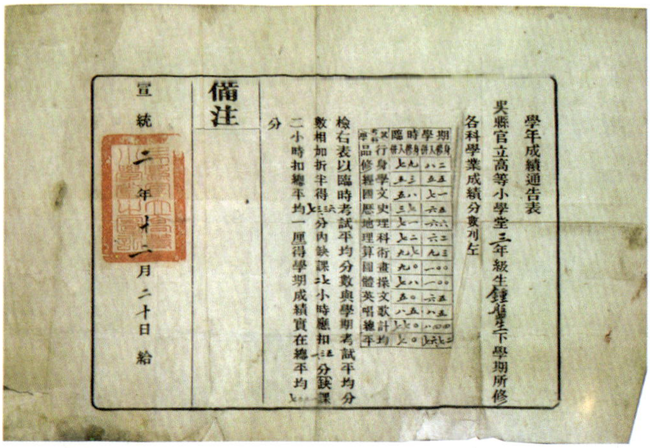
学年成绩通告表

吴县官立高等小学堂三年级生钟□□下学期所修各科学业成绩分数列左

学科	学期	临时
修身	八二	七九
读经	五五	七三
国文	七一	五八
历史	六五	三七
地理	六六	七一
理科	六二	七二
算术	九三	九七
图画	一〇〇	九〇
体操	一〇〇	七八
英文	六五	五〇
唱歌	八五	八五
总计	[illegible]	[illegible]
平均	[illegible]	七〇

检右表以临时考试平均分数与学期考试平均分数相加折半得分内缺课小时应扣分缺课二小时扣总平均一厘得学期成绩实在总平均分

备注

宣统二年十二月二十日给

图 6-14 苏州吴县官立高等小学堂《学年成绩通告表》

的样式。

书院改革是历史发展的必然，而改书院为学堂和改造传统书院、创建新型书院并列为晚清书院改革的三个方案。传统书院改造、新型书院创建的成功实践表明，书院有实现自身从形式到内容的实质性转变的能力，也即书院依靠自己的力量，可以在名称不变的情况下，实现从古代到近现代的转型。虽然历史的现实并非三个方案齐头并进，最终是改制取代改造、新创，书院被强令改为学堂乃至学校，但我们主张要慎言书院改制是历史发展的必然，认为它更多的是晚清社会这一特殊背景下的一种无可奈何的政治选择，属于救亡图存的非常之举，未必定然符合教育发展的规律。考其理由，大致有如下三点。

第一，书院是在超高速的发展之中，被强令改制的，属于非正常“死亡”，与惯常的衰败而亡的想象截然不同。统计数据显示，同治、光绪两朝 47 年时间（1862—1908），书院以新增 1233 所的神速发展，约占清代新建书院总数的 1/4。这在清代书院 260 余年历史中属于奇迹，更是中国书院近 1300 年历史上从未有过的辉煌，呈现的是浩然盛大之势，并无半点衰竭濒死之迹。光绪二十七年（1901）的书院改制令，犹如一把利刃，活活斩杀了生龙活虎的大发展中的书院，人为地制造了中国制度史上罕见的落幕于辉煌的悲剧。如此被改制，被死亡，实属非常之举，难称历史发展的必然规律。

第二，追随时代步伐，努力适应社会日益增长并急剧变化的文化教育需求，引入新学、西学作为研究与教学的内容，快速改变、改造、改革自身，是晚清 40 年书院发展的主旋律，也是其超高速发展最主要的原因之一。书院改革的实践表明，依凭传统的经世致用旗帜，适应时代前进的步伐，书院完全有能力调整自己的教学内容、管理制度，能够从古代走向近现代。

第三，改书院为学堂并不是书院改革的唯一选择。其他改造旧书院、创建新型书院等两种选择，如前所述，都有防止变为科举附庸，引入西学、新学为代表的科学技术知识，甚至实施民主管理机制等成功的范例。由此可知，书院并不是天生与新学、西学为敌，凡一切有用之学皆书院分内之事，书院与学堂之间的关系也并非你死我活、不共戴天、非此即彼，两者在传授新知以满足人们日益增长的文化教育需求上有很多共同点，殊途同归，完全可以并行共存。书院与学堂的差异并非不可逾越，通过人为的干预与调节，能够实现两者之间的彼此变通与切换。也就是说，书院可以在名称不变的情况下，实现其实质内容从古代到近现代的转变，书院改学堂并非不可避免，也即书院改制并非历史发展的必然。

第七章　走向世界的书院

书院是中国士人的文化教育组织，唐宋以来，它为中国的教育、学术、藏书、出版、建筑等文化事业的发展，对民俗风情的培植、思维习惯及伦常观念的养成等都做出过重大贡献。而随着中国文化的向外传播，书院制度也被移植到国外，为传播中华文明，并促进这一文明与当地文化的结合，进而推进世界文明的向前发展做出了自己的贡献。

第一节　走向“东国”朝鲜

书院制度的向外移植始于明代，第一站是隔黄海、鸭绿江而与我国相邻的“东国”朝鲜。朝鲜书院最有力的倡导者，是有“东国朱子”之称的李滉，他提出了全面引进中国书院制度的建议。从此，中国书院走上了移植朝鲜的征程，并由朝鲜而日本，而东南亚，甚至欧美地区，成为中外文化交流的纽带与桥梁。

一　朝鲜书院发展史

在朝鲜历史上，“书院”二字连用始见于新罗末年，此时正当我国唐末五代之际。到李朝世宗元年（1419），“书院”才成为一个独立的名词，并被赋予教学功能。自此以后，朝鲜书院遂开始步入其450余年的发展历程。而这一段时间恰好在李朝（1392—1910），因此朝鲜书院的历史，实际上就是李氏朝鲜的书院史了。

大致而言，朝鲜书院有祠庙和书斋两个源头，其始和中国书院似乎没有联系，独立发生。后来在援引中国书院制度，形成祭祀、讲学并重的“正轨书院”之后，才获得“比邑相望”的大发展。其发展历程，可以分为三个时期。

自世宗元年至明宗末年（1419—1567），凡149年，可视为朝鲜书院历史的第一个时期。是期又可分为两个阶段，中宗元年（1506）以前的87年为第一阶段，书院从一个教学的机构发展成教学与崇祀先贤并重的文化组织。世宗时期由于官学式微，朝廷转向支持和鼓励民间兴学，企望其能填补官学留下的空缺。这种情势，也就决定了朝鲜历史上最初的书院功能是纯教学的，而且是处于一种替补官学教育角色的地位。

世宗朝时，负有教学与奉祀先贤双重使命的“正轨书院”概念得以逐渐确立起来。这种“正轨书院”，包括祠宇、坛、祠、影堂、别祠、精舍、里社、里祠、影殿、庙、乡社、乡祠、堂宇、书院等14种名目。据统计，朝鲜计有这种“正轨书院”670所。而真正以书院相称者为376所，占总数的56.1%。“正轨书院”概念的确立，标志着朝鲜书院相对独立发展格局的改变，自此以后，中国书院对其发展及其制度的完善都表现出相当大的影响。然而，在这一阶段，书院并没有大的发展，整个半岛仅有9所书院。因此，这一阶段只能视作朝鲜书院的原初阶段。

第二阶段，自中宗元年至明宗末年（1506—1567），凡62年，是朝鲜书院大发展的准备阶段。中宗（1506—1544）以降，官学进一步衰败，基本上已经丧失其培养人才的功用及其在公众中的声望。有识之士认为，“惟有书院之教盛兴于今日，则庶可以救学政之缺”[①]。另一方面，李朝开国之初即以中国的儒教作为立国的政治指导，到中宗时期，受明代影响，建立祠庙以崇儒尊贤的运动兴起。正是在这种情形之下，出现了教学与祭祀先贤两者兼具的第一所“正轨书院”——白云洞书院。

白云洞书院，后改名绍修书院，中宗三十六年（1541），丰基郡守周世鹏创建于属邑顺兴县（今属庆尚北道荣州郡）的文成公安裕（后改名珦）故居，祠祀安裕，并集诸生肄业其中。白云洞书院之所以被看成是朝鲜书院的源头，不仅因为它首先合乎祭祀先贤与教授生徒二者于一体，还在于它于中宗三十九年（1544）以安辅、安轴兄弟配祀院中，开书院主祀先师之外、配享从祀或追祀先贤之先例。这所集祠祀、教学、藏书于一体的书院，正合“正轨书院”的概念。因此，一般的研究者都将它看作是朝鲜书院的发端。明宗五年（1550），李滉请得赐额“绍修书院”，而开朝廷赐额制度之始。此后，由于以李滉为代表的一

①［朝鲜］李滉：《退溪先生文集》卷九《上沈方伯通源书》。

大批儒家学者倡导于下，朝廷褒扬于上，第二阶段这 62 年内，新建了 22 所书院。显示出明显的上扬趋势，它预示着书院将在朝鲜走上蓬勃发展的道路。

第二个时期，自宣祖元年开始，至景宗末年（1568—1724），历 7 帝，凡 157 年，是朝鲜书院的大发展期，新建书院 401 所。

这一时期，书院之所以大盛，主要原因有两个。首先是官府的提倡。具体来讲，表现在如下几个方面：第一，朝廷大量赐额。这种“赐额书院”，比一般书院多了一道“护身符”，其地位亦高出一般，而享有一种荣耀。官府充分利用它来鼓励、褒扬书院，大大刺激了书院的发展。第二，颁赐田土、布谷等，并免除所有学田的赋税。书院因此成为一个自给自足的经济实体，使得书院的发展获得了完全的经济保障。第三，允许书院拥有完全免役的院奴，此乃书院正常运行的有力保证。另外还有派遣官员主持祭祀,赐予祭品、繁文等。所有这些都表明，政府对于书院的提倡与重视。上有所好，下必行焉，因此形成了书院蓬勃发展的局面。

其次，地方儒林的热心创办，也是促成书院发达的重要原因。书院以教学与祭祀为两大事业，且尤重祭祀，各地士绅遂特别注意乡贤及先儒先哲的行踪，于其过化之地建院奉祀。这种热情受到政府的鼓励，遂造成了书院文化在朝鲜半岛的盛行。

第三个时期，自英祖元年至高宗八年（1725—1871），凡147年，新建书院29所，是书院衰落并被裁撤的时期。书院兴盛之时，即隐藏没落之机，最大也最先出现的问题是“滥设”。同时，书院本身也出现了霸占土地、集敛院奴、庇护罪犯、参与党争、干扰时政等种种弊端，对国家经济收入、兵役来源、社会安定都构成重大的威胁。书院既已步入没落之境，且无以为救，国家遂改变鼓励、扶持的政策，转而采取严厉的措施进行整顿。英祖十七年（1741），诏令“撤毁”书院300余所，此为大规模撤废书院之始。高宗八年（1871），发布“文庙从享人以外的书院及迭设书院，并为毁撤”的诏令。令下，全国除保存47所书院外，各地书院均强行撤毁。至此，作为一种制度，书院在朝鲜已经基本完成其使命而开始淡出历史舞台。

二　朱熹及白鹿洞书院对朝鲜书院的影响

在朝鲜奉祀朱熹的书院至少有31所之多，据金相根、丁淳睦等学者统计，在朝鲜同时被10所书院奉祀的先贤中，朱熹居第三位，朱子学说在朝鲜影响之大，由此可见一斑。具体而言，朱熹与白鹿洞书院对朝鲜书院的影响有如下几个方面。

第一，朱熹学说的传入、传播，继而成为指导李朝政治的哲学思想，为朝鲜书院的发展奠定了思想基础。李朝建立时，明太祖朱元璋立国才二十五年，正在大力提倡程朱理学，作为当时明朝属国的李氏朝鲜所接受的儒教思想，自然也就是集大成的程朱学说。同时，李朝的统治者感到，新的官方思想的确立需要设立研究机构，而类似寺院式的儒教书院也就应运而生，取代了高丽寺院的地位。

第二，朱熹在白鹿洞书院的作为，尤其是他所作学规的传入，确立了朝鲜教育史上兼具祭祀与教学两种功能的“正轨书院”的概念。不仅如此，由于李滉、黄仲举等朱子学者的“考证”“集解”“图解”，《白鹿洞书院学规》的原则精神亦为大多数朝鲜书院所接受，成为指导其师生教学授受的普遍准则，从深层影响和规范着朝鲜书院的发展。

第三，作为朝鲜书院“嚆矢”的白云洞书院，是仿朱熹的白鹿洞书院规制而建立的。

第四，朝鲜书院的赐额制度，深受白鹿洞故事的影响。在朝鲜书院的发展史上，有一个重要的制度，那就是朝廷赐额。据统计，朝鲜有赐额书院 269 所，占总数的 40%，它推动了书院在半岛上的蓬勃发展，而这种制度的形成也与朱熹有着密切联系。

第五，朝鲜书院是儒家思想，特别是朱熹学说传入的产物，反过来，又为朱子学说的发扬光大做出了重大贡献。和中国书院一样，朝鲜书院既是教育场所，又是学术中心，培养了大批人才，使以朱子学为主的儒学在朝鲜得到了长足的发展，出现了鼎盛之势。

三　中朝书院的异同

中朝两国的书院，因为渊源一脉和文化背景的区别，既有相同之处，显示其共性，又有不同之处，揭示其特性。

首先，朝鲜书院“原系模仿中国书院制度”，故两者类似或相同之点甚多，主要表现在于它们“同以儒家学说为中心，同以经典为教材，同为有组织之法团所设立的学校”等。

其次，两国的书院，因为存在着移植和被移植的关系，加之其所根植的文化土壤不同，它们各有特点而存在着差异，其表现有六：第一，在中国，书院以教育为主，奉祀先贤为辅，在朝鲜则恰好相反。第二，中国书院所奉祀的先贤，“以德望崇高并于圣学有贡献为唯一或主要的标准”，而朝鲜则兼及事功有成就者。第三，两国书院虽均以儒家学说为中心，但在中国它不一定仅仅崇拜某一学派的学说，在学术上有着一定的开放性，如程朱理学、陆王心学、乾嘉汉学等都曾盛行于书院；而朝鲜则以朱子学派为宗主，对当时盛行于中国的阳明心学、乾嘉汉学基本上采取排斥的态度，有着相对的学术保守性。第四，国家给予书院的特权与优待，朝鲜比中国更多，如院田之免税、院奴之免役等，皆为中国书院所少有。第五，正因为国家对书院有一定的约束力，或者说书院对国家没有免税免役的特权，在中国它就不会发生广占田地、危害国家财政的弊端；朝鲜则产生了广收院奴而妨碍兵役的流弊。第六，由于学术的开放性等优势，中国书院大多接受新知，在清末改造成近代学堂，成为新旧教育的桥梁；而学术的保守性加以危及国家经济与安全的流弊和地处偏僻、规模较小等原因，导致了朝鲜书院几乎全部撤废的结局，在文化史上它不能像其母体的中国书院一样成为连接号，承先启后，继续着历史的发展，而是基本上变成了一个句号，再加以日本帝国主义殖民侵略者的有意摧残，朝鲜书院的历史进程从此被打断，它本身也变成了过去那个时代文化制度的代名词。

第二节　走向东洋、西洋与南洋

书院制度在传到朝鲜后，还在继续向外传播。顺治初年，东洋日本长崎、滋贺等地开始创建书院。雍正年间，书院又由外国传教士移植到西洋的意大利，由华侨移植到南洋的印度尼西亚等地。因此，中国书院在清代初年就形成了由东洋而西洋而南洋这样一个移植海外的态势。

一　走向东洋：日本的书院

书院作为一种文化教育制度，也传到了一衣带水的近邻日本，但毕竟不同于“国家文物典章悉仿中朝”的朝鲜，日本并未全面推行书院制度。在室町时代（1336—1573）末期，日本出现了“书院”，当时它指一种建筑样式，又叫作“书院造”，日本现代住宅的形式即源于此。德川幕府第三代将军家光时代末（1640年左右），有人开始把私塾称作书院，于是作为学校和作为出版机构的书院出现了。明治维新之后，随着日本的强大，留学东瀛的中国学生日多，书院又成为接纳中国留学生的教育机构。甲午战争中国失败之后，日本人把书院办到了中国本土，是为书院的回流。惜乎这一文化回流是伴随着日本殖民台湾地区并将台湾岛原有书院关停并改而进行的，过程中充满了痛苦。

1. 作为日本学校的书院

保守地估计，江户时代作为日本学校的书院，至少有 81 所。这些书院，以讲汉学为主，有些是阳明学派的，如藤树书院、止善书院等，有些是朱子学派的，如鹤山书院、怀德书院等，有些还教授医学知识。值得注意的是，江户时代后期至明治年间，各书院的学术交流有加强之势，所讲之学由阳明而趋朱子，且有朱王合一的动向。

除此之外，我们在这里还要介绍一所具有典型意义的学校性质的日本书院——善邻书院，它建于明治学制实行之后，是中日书院文化交流的产物。

善邻书院在东京，是一座历史悠久的中文学校，它是宫岛大八【图 7-1】于明治二十七年（1894）从中国留学归国后创建的。宫岛大八自明治二十年开始到中国留学，一直师从著名学者张裕钊，先后在直隶（今河北）保定莲池书院、湖北武昌江汉书院、襄阳鹿门书院等地学习，前

图 7–1 宫岛大八

后有八年之久，深得其学与书法之道。回国之后创建书院，致力于中日友善事业，弘扬其师艺术技法，终成日本一大书法流派。20 世纪 80 年代，善邻书院曾组团到北京、保定、武汉等地，进行张氏师生书法艺术品展览。1986 年 8 月，日本的上条信山和中国书法家协会主席启功两位先生在莲池书院合作“张裕钊宫岛大八师生纪念碑”。善邻书院办学至今，它是中日文化友好交流的历史见证。

2. 儒医并重的顺正书院

顺正书院在京都洛东瑞龙山麓南禅寺旁，天保十年（1839）三月，著名兰医、儒者新宫凉庭创建，到明治年间，仍在办学。书院设于日本京师风景最胜之处，外部环境优美，内部景致更有讲究。院落宏敞，规制完备，有大门【图 7–2】、石门、正厅、学舍（生舍）、讲堂、祠堂、宣圣庙、燕居室、文库（藏书室）等建筑，房屋数十间，且辟有花圃、药圃，还置有学田若干顷，以作养士之资。可谓讲学有堂，祭祀有祠，研修有室，藏书有库，助学有田，其规模之大，讲学、藏书、祭祀、学田四大规制之完备，堪称日本书院之冠，而不逊让于中国一般书院。

顺正书院属新宫氏一家所有之私塾，组织

图 7–2 京都顺正书院大门

结构比较简单，仅设山长、讲师。书院的教学与学术活动，大致分日常与临时两种。临时活动有名家访院讲学，因事聚会论学并以诗酒佐之，无规律可循。日常教学每月定期三次讲会，每次由山长、讲师分讲医书、经书。当时规定，每月三次升堂讲学，先医后儒，分开教授，且各有自己的专用教室，儒学教室张挂文宣王孔子之像，医学教室张挂医祖炎帝之像，营造教学氛围，颇具特色。至于儒学讲授的具体情况，限于资料，已难以详述。医学讲解汉医、兰医皆有，但以兰医为主，课程分为生象、生理、病理、外科、内科、博物、化学、药物（性）入门，已是比较系统的西洋医学技术知识。

顺正书院虽然教授治人身病的医学知识与技术，但不能因此而将其仅仅看作是一所医学专科学校，因为“精于医而笃于儒”是新宫氏两代人坚守的传统，治人心病并进而治家国之病上升到了作为终极追求的身后事业，故而顺正书院首先而且主要应该归列于儒家的“名教乐地”。明治维新后恪守儒家本位的顺正书院，面对泰西之学时，欲纳还拒，呈现出保守中的先进性与先进中的保守性。这说明，面对西方，同属东方的中日书院表现出一种文化的同一性；而此时此刻，善于吸收其他文化素养的日本顺正书院，相较于两湖书院等中国书院而言，却有着先进半个世纪的时间差异性。

3. 作为出版机构的书院

中国书院有刻书的功能，“书院本”以精校、精刻、易行“三善”而闻名古今。在日本，则有专门从事图书出版的书院。这类书院不知起自何时，但至今仍在活动，成为日本出版队伍中的一员。仅据笔者从所见藏书目录中辑录所得，就有刀江书院、明治书院、开明书院、汲古书院、高桐书院、东方书院、日光书院等曾出版过图书。

以上书院的出现及其至今仍在出版图书的事实，似乎可以说明，中国书院的刻书功能在日本得到了强化,形成了专门从事图书出版的书院，或可视作书院制度本土化过程中形成的日本书院的特点之一。

此外还有作为留学教育机构的书院出现在明治维新之后，尤其是甲午战争日本以小胜大战胜中国，激发中国青年东渡扶桑学习强国富民之术，留日学生日渐增多之时，富有代表性的有东京亦乐书院、东京同文书院等。日本在中国本土创办书院，始于甲午战争打败中国并签订不平等条约之后，其主角是东亚同文会和日本台湾总督府、关东军，上海东亚同文书院【图 7–3】、广州东亚同文书院、厦门旭瀛书院、金州金南书院等是其代表，时间持续到 20 世纪 40 年代日本战败投降。

图 7-3 上海东亚同文书院远景

二　走向西洋：意大利与美国的书院

雍正年间开始，中国书院由外国传教士移植到了西洋的意大利，而到光绪年间，中国侨民又将书院办到了美国旧金山。因此，西洋书院实际因为举办者不同，而可分为两种类型，仅举两例以说明。

1. 意大利那不勒斯文华书院

外国人移植中国书院的一个重要原因是，想将其作为中西文化交流的管线。外国传教士设立的中国书院最典型的代表是意大利那不勒斯城的文华书院。

文华书院的创始人马国贤（1682—1745，Matteo Ripa）是意大利天主教布教会教士，清康熙四十九年（1710）来华，任宫廷画师，颇得康熙皇帝器重。雍正元年（1723），他率谷文耀等四名中国青年返国，次年抵达意大利。历经八年奔走，始于雍正十年（1732）获得罗马教皇批准，在那不勒斯为留学华人设立一所书院。该院本名圣家书院，亦名圣家修院，又名中国学院，国人则称作文华书院。马国贤自任总管，直至乾隆十年（1745）逝世为止，可谓将毕生精力奉献于书院建设。书院最初专收中国学生，意在培养传教士，后来兼收有志到远东传教的西方人、土耳其人。经费由教会提供，学生毕业后授予学位。据统计，自创办到同治七年（1868）被意大利政府没收止，历时 137 年，先后招收中国学生 106 人，成为早期旅欧留学生的主要求学之所。据记载，同治以前中国赴欧洲留学的共有 113 人，其中 91 人在该院肄业，占这一时期旅欧留学生总数的 81%。从以上这些数据中，我们可以看出文华书院在早期中国留学史、中西文化交流史上的重要地位。

2. 美国旧金山大清书院

大清书院在美国西海岸的旧金山。旧金山为在美华侨聚居之地，随着华侨人口的增加，华文教育遂提到议事日程。光绪年间，在清政府的支持下，华裔士绅公议创建书院于沙加缅度街 777 号阁楼上，以不忘故国，乃取当时中国国号“大清”为院名。

书院设正副教习主持教学，一般在国内聘请有功名的学者如举人、秀才等充任。日常经费主要由清政府补贴，肄业生徒每月另缴纳五角钱学费以资补助。常年招生五十至六十名，分两班上课。教学内容与国内一般书院相同，以“四书”“五经”等儒家经典为主，亦杂以科举时文，故未脱离传统文化的教育轨道。上课时间，因为华侨学生白天要到远东学校学习英文等课程，并规定每星期一至星期五下午四点半至九时为授课时间，因此只有把星期六远东学校整天无课这一天，定为书院的授课时间，从上午九时至下午九时进行授课。由此可见，大清书院的主要任务，就是为那些侨居海外的华裔子弟补习国学，使其身在异域而心怀故土。

兼习中西的书院生徒，多数仍像其父辈那样侨居或服务于海外，也有一些则返国归家，为中西文化交流做出了贡献。如张爱蕴，光绪十八年（1892）曾肄业大清书院，后来回国，考入两广学堂，继续深造。

光绪三十二年（1906），旧金山大地震，原院舍毁坏，侨众利用清政府的救济款建中华总会馆大厦于士德顿街，遂将书院迁至大厦，重开课程。光绪三十四年（1908），清廷派内阁侍读梁庆桂偕举人曹勉到美考察，并留曹氏主讲大清书院，鼓励兴学，推动了全美华侨华文教育的向前发展。此后，大清书院一直兴学不断，并成为美洲各地华文教育机关的一个典型。辛亥革命胜利后，大清书院改名中华侨民公立学校，历经演变，现名中华中学。像国内大多数书院一样，它完成了新旧学制的过渡，汇中西学于一体，从古代走向了近现代。

三　走向南洋：东南亚的华侨书院

华人移居海外的历史很长，但华侨书院的出现则是清代才有的事情。最早的华侨书院是印度尼西亚巴达维亚的明诚书院，它创建于雍正七年（1729）。光绪年间，马来西亚有吉隆坡陈氏书院、槟城五福书院等建立。在东南亚的华侨书院中，新加坡的萃英书院是最典型的例证。以下我们将以它为例，详述华侨书院传播中国文化于海外的基本情形。

清嘉庆二十四年（1819），英国殖民者莱佛士占领新加坡后，即宣布其为自由港，并鼓励华人入境，从而使华侨人数激增。华侨人口的日益增加，及其政治经济活动的逐渐活跃，要求华文教育事业也有相应的发展。故19世纪中叶以后，新加坡各地华侨纷纷开办私塾义学，其中以咸丰四年（1854）著名闽籍侨领陈金声创办的萃英书院最为典型，它开新加坡华文教育之先声，其影响巨大而深远。

书院创建之后，陈氏又会同公绅制订《义学规条略》，确定了书院的义学性质、办学方针、择师和招生的条件及办法等，其中规定择师“必求品学兼优；凡有嗜酒、洋烟及事繁者勿聘”。聘任之前，“例将规条送阅，能如约者方送关书”，聘请到院主讲。华侨“无论贫富子弟，咸使之入学”，对“极贫而天资颖异”的学生实行优待。[①]教学内容为《孝经》、“四书”“五经”、中国珠算、格致之学，及以洒扫、进退、应对为主的儒家礼仪等。这说明它和当时国内普遍存在的书院是基本一致的，没有脱离中国古代传统教育的轨道，而只是将它带到了异国他乡。

继萃英书院之后，新加坡的华文教育得到了较快的发展，尤其是清政府首任驻新加坡领事左秉隆到任之后，竭力昌兴华学，一时华文学校林立，华语吟诵之声相闻于道。人皆称道这是萃英书院首倡之功效。因而，萃英的声望更大，居各校之首，成为华文教育的典型代表，并与英国殖民者所办的莱佛士书院、当地马来王公贵族所办的江沙马来学院，同称19世纪后期新加坡三大著名院校，为新加坡多元文化的建设做出了较大的贡献。20世纪初年，随着国内教育改革及当地以南洋华侨中学为代表的新式华文学校的兴起与发展，萃英书院才日渐衰微，但其振兴海外华文教育功不可没。

①福建师范大学历史系华侨史资料选辑组编：《晚清海外笔记选》，北京：海洋出版社，1983年，第53页。

从某种意义上讲，清代出现的华侨书院是宋代侨民书院的延续，所不同的是“去乡”与“去国”距离相差太大。这种差别，决定了华侨书院的首要任务是传播其母体文化，发扬中华数千年文明于海外，使侨民获得一种心灵深处的抚慰。这是其一。其二，现实生活的需要，又逼迫华侨适应当地文化，获取谋生的本领，这样，华侨书院又成了吸收海外文明的管线，成为联系中外文化的桥梁。于是，文化的双向传导，就成了华侨书院最明显的文化功效及其区别于侨民书院的显著标志。

第三节　教会书院

教会书院是在中国的外国教会及其传教士们取用“书院”这一中国教学组织的形式，加以西方宗教思想理念以及科学技术、语言文字等内容，在西学东渐大潮中新创造的一种书院类型。它是中西文化交流、交融的结果，为中西文化交流事业，为中国书院的近代化做出了自己的贡献。

一　中国教会书院概况

西方传教士与书院的关系，有一个从冲突到融合的过程。两者之间最早的接触始于明代末年，天启初年（1621），邹忠介、冯恭定建首善书院于（北京）大雍时坊，为讲学之所。天启二年（1622），御史倪文焕诋其为伪学，将书院部分毁坏。不久，西洋人汤若望借书院为历局，旋改为天主教堂。朱彝尊《曝书亭集》卷四十四记载此事，将其称作“逆祠”。“逆祠”一词所表达的怨恨表明，早期来华的传教士对中国书院及其文化功效没有多少认识，更不了解中国士人将其视为与西方文明相对的中华文明象征之一的心态，因而出现了在中国士人看来是属于“冒犯”的改书院为天主堂的行为。如果说这是传教士们无意识地使天主堂与书院发生冲突的话，那么下面的记载，则明确表明了中国士人有意识地将两者相互对立的态度：“理学书院在（连江县）化龙街西，旧为天主堂，国朝雍正元年（1723）……知县苏习礼允诸生请，改为书院。”（乾隆《福州府志》卷十一）“兴庠书院在（福清县）西隅大街，旧天主堂地，国朝雍正元年（1723）改建。”（乾隆《福州府志》卷十一）这是以理学对抗天主教的强硬行为，反映了当年中西文化交流中所出现的冲撞现象。正是这种冲撞，使得来华的传教士们逐渐认识、了解书院，于是在中国大地上就出现了前所未有的由外国传教士创办的书院——“教会书院”。

明代末年，杭州耶稣会奉教士大夫杨廷筠在其私宅所建的虔诚书院，以栽培青年才俊、护卫教会、鼓励人人归主为主要目的，应该算是中国第一所具有教会因素的书院。但它由中国信徒所建，还不是外国传教士所为，因此，只能称作具有教会因素的书院，实为教会书院之滥觞。

“教会书院”的发展有一个自中国外围向本

土发展的过程。马国贤雍正十年（1732）建于意大利那不勒斯的文华书院，首开传教士创办书院的记录。到清嘉庆十二年（1807），英国伦敦教会教士马礼逊（Robert Morrison）来华传教，是为基督教新教自西徂东之始。1811年，清政府重申禁止外国传教士传教令，马氏等只得移往南洋华侨聚居区图谋发展。嘉庆二十三年（1818），马氏与伦敦会的另一传教士米怜（William Milne）合作，在马六甲创建英华书院（Anglo-Chinese College）及印刷所，编发《中英杂志》，在华侨中传播新约。为了传教，马氏先后完成了《汉语语法》《华英字典》《广东省土话字汇》等著作，道光三年（1823）又在院中刊印其中译本《圣经》21卷。1825年，始招女生入学。1839年汉学家理雅各（James Legge）继任书院院长凡34年，他曾将"四书""五经"译成英文，以"The Chinese Classics"为名，分28卷，于咸丰十一年至光绪十二年（1861—1886）间出版。此外还著有《中国人关于神鬼的概念》《孔子的生平和学说》《孟子的生平和学说》《中国的宗教：儒教和道教评述及其同基督教的比较》等，是一位有极大影响的西方汉学家。儒家"四书""五经"和基督教《圣经》的互译与传播，对交流中西文化之功是不言自明的。

当马六甲英华书院正卓有成效地开展工作

时，道光三年（1823），在新加坡的传教士也建立了新加坡书院（Institute of Singapore），接收华侨子弟。1839年传教士又在巴达维亚创立中国书院（The Chinese Seminary），作为传播交流中西文化之所。

1840年鸦片战争，殖民主义者用大炮战舰打开了中国的大门，传教士随之进入通商口岸及附近地区，教会书院遂出现于中国本土，先是马礼逊书院于道光二十二年（1842）在香港建立。次年，上述马六甲英华书院迁到香港。其后，作为教会教育事业的一部分，教会书院由通商口岸推进，在中国本土开始了其发展历程。据统计，到民国时期，全国至少有97所教会书院。这些教会书院广泛分布在中国30多个城市，而又以东南沿海的福州、澳门、香港、上海、宁波、广州等地较多。时间上多集中在同治、光绪年间。教会书院中美国、英国分别占总数的43.29%、23.71%，美国后来居上，超过老牌的英国成为中国教会书院的主要创建者。

二　教会书院的发展历程与文化意义

中国本土教会书院的发展，有70余年的历史，按照其阶段性特征，大致以第二次鸦片战争、书院改制为标志，可以划分为三个时期。

两次鸦片战争之间，即道光二十二年至咸丰年间（1842—1861）为第一个时期，约20年。

《南京条约》签订后，传教士得以进入“国中之国”的通商口岸传教，但清政府禁止传教的禁令仍然有效，传教士的活动不很活跃。这个时期只有 15 所教会书院建立，分散于香港、澳门等少数开放口岸。这些书院发展程度较低，规模较小，因而影响也不大，故是期只能视为教会书院站稳脚跟的初始时期。

第二个时期，从第二次鸦片战争失败签订不平等条约开始，至 1900 年止，即同治年间至光绪二十六年（1862—1900），约 40 年，是教会书院的兴盛时期。传教士正是利用外国侵略者强加给中国的一系列不平等条约的保护，迅速从沿海少数几个口岸推进到内地众多城市，新建书院有 50 余所。

大发展时期的教会书院，有比较明显的阶段性特征。大致而言，有如下几条值得注意。

第一，教会书院的招生对象从贫寒子弟转向精英阶层，反映了处在社会转型时期的教会书院的教育对象的明显转移。为适应洋务运动所带来的社会的急剧变化，以便能在中国真正立足，教会书院在培养目标上也进行了适时调整，强调以培养通晓西学、熟习洋务的人员为主，主张书院不再只是教牧人员的养成所。

第二，教学课程中西并重，在尊重中国传统文化的同时，又大力提倡西学、西艺等西方文化科学知识。教会书院的主持人为了吸引士绅，赢得他们的好感，往往宣称其课程设置是中西结合的完满体系，而不仅仅是传授西学。实际上，无论从课程门类的比例上，抑或从课时上比较，“中学”均不及“西学”，但这种宣传也反映出教会书院对中国传统文化的迁就。

第三，教会书院的教学形式基本是沿用西方当代学校的形式。教会书院借鉴当时西方国家学校的授课形式，突出教学层次，使得教学能够循序渐进，由浅及深，由易及难。大多数教会书院实行班级授课制，这在国人的旧式书院中也是罕见的。这些无疑会对传统书院的教学模式形成冲击。

第三个时期，从光绪二十七年（1901）开始至民初，即二十世纪最初的十余年，它是教会书院的改革、改制期，大多数先前建立的教会书院与全国书院同步进入了改革过程。如广州的格致书院，改名为岭南大学。在上海，光绪三十一年（1905）美国圣公会将所属的圣约翰书院、培雅书院、度恩书院合并为圣约翰大学。在南京，宣统二年（1910）宏育书院与美以美会的汇文书院联合，改建为金陵大学。虽然有的书院晚至二十世纪二三十年代还未改名，但统计表明，民国期间教会只创建了六所书院。这说明模仿中国书院而产生的教会书院，随着中国书院历史的完结，也走完了它自己的道路。

教会书院是教会为了在中国顺利传播福音而建立的教育机构，它取名不用西方当时通行的学校、学院、大学等，而采用当时中国通行的“书院”，是明末以来西方传教士认识、了解、认同中国文化的结果。

谈到了教会书院的文化功效，我们必须首先看到它是西方殖民主义者侵华的产物，是为西方在华的侵略利益服务，亦得到侵略势力的保护，使中国“基督化”的口号反映了文化侵略的真面目。但它将近代西方科学知识列入课程，是近代中国传播科学技术的重要基地，从客观上看，是有功于中国文化发展的。概而言之，有三点值得注意。第一，它是在中国学校最早开展科学教育的单位之一，编写了比较完整的科学教育教材，建立了科学实验室和附属工厂等，与其他教会学校一起，为近代中国的科学教育工作提供了经验。第二，教会书院传播西医知识，开设新式医院。第三，招收女生，开中国女子教育之先河。第四，教会书院从本质上看是移植到中国的西式学校，西式的管理（如分班教学）、西式的课程、西式的教学方法（如培养思维能力），以及由此而构成的西方学校的气氛，对它原来模仿的对象——中国传统书院——形成了一种压力，使其变通、改革，反过来模仿模仿者，最终走上了从古代向近代的过渡之路。

结　语

一　两落两起的书院命运

千年书院，漫漫历程。当我们踏着弦歌，追寻书香，一路走来，行将结束这一充满文化意蕴的长途旅行之时，似乎有必要再做如下的总结。

书院源出于唐代私人治学的书斋和官府整理典籍的衙门，是中国古代士人享受新的印刷技术，在儒、释、道融合的文化背景之下，围绕着书，开展包括藏书、读书、教书、讲书、著书、校书、刻书等各种活动，进行文化积累、研究、创造与传播的文化教育组织。由唐而历五代、宋、元、明、清，经过近1300年的发展，书院得以遍布除今西藏之外的全国各地，至少有7500所，成为读书人文化教育生活中不可或缺的一环。书院不仅推动了中国教育、学术、文化、出版、藏书等事业的发展，也对学风士气、民俗风情的培植，国民思维习惯、伦常观念的养成等都做出了重大贡献。

书院从明代开始走出国门，传入朝鲜、日本、印度尼西亚、新加坡、马来西亚等亚洲国家，甚至踏上了意大利那不勒斯、美国旧金山等欧美地区，为中华文明的传播和当地文化的发展贡献甚多。近代以来，随着新学、西学的加盟，书院又成为沟通中西文化的桥梁。1901 年，光绪皇帝一纸诏令将全国书院改为大、中、小三级学堂，但这并没有终结书院发展的历史，反而促进书院迈入了近代化的进程，书院在“改制”中获得了永生。

大致而言，近 110 年来，书院的命运可以用“两落两起”来概括。

书院“一落”于 20 世纪前 20 年。在经历改书院为学堂、废书院为学校、争毁书院争誉学校几个阶段之后，书院被迫退出教育、学术舞台。另一方面，“毁书院，兴学校，遂令千年来学术机关一旦销灭，迹近鲁莽，似觉未善”[①]，在光绪朝后期乃至宣统年间，仍零星有书院创建。

书院“一起”于 20 世纪 20 年代。人们鉴于学堂、学校的缺失与短处，回望书院的长处与优点，揭去“落后”“守旧”等贴在书院身上的浮签，发起了 20 世纪第一次书院研究与书院实践的运动。该运动起于 20 世纪 20 年代，在三四十年代

①周书舲：《书院制度之研究》，《师大月刊》1932 年第 1 期。

达到高潮。其时，不断地有人开始研究书院制度，甚至有主张恢复书院的。研究队伍中，不乏胡适、陈东原、柳诒徵、盛朗西、班书阁、杨家骆、钱穆、张君劢、容肇祖、邓之诚、谢国桢等教育、文化、学术界名流的身影。研究成果亦灿然可观，其最典型的观点莫过于胡适所言："一千年以来，书院实在占教育上一个重要位置，国内的最高学府和思想的渊源，唯书院是赖。盖书院为我国古时最高的教育机关。所可惜的，就是光绪变政，把一千年来书院制完全推翻，而以形式一律的学堂代替教育……书院之废，实在是吾中国一大不幸事。一千年来学者自动的研究精神，将不复现于今日了。"①

书院实践活动有两个指向：第一个指向是借鉴书院经验，以"药今世教育之病"，尤其是改造大学。最著名的例证是取古代书院与现代学校二者之长的湖南自修大学。青年毛泽东在《湖南自修大学创立宣言》中，指出现代学校"师生间没有感情"，"用一种划一的机械的教授法和管理法去戕贼人性"，"钟点过多，课程过繁"。而书院的好处，"一来是师生的感情甚笃；二来，没有教授管理，但为精神往来，自由研究；三来，课程简而研讨周，可以优游暇豫，玩索有得"。自修大学"就是取古代书院的形式，纳入现代学校的内容"，它是一种"适合人性，便利

①胡适：《书院制史略》，《胡适全集》卷二十，合肥：安徽教育出版社，2003年，第111页。

研究”的新制。[1]这一实践活动，得到了教育家蔡元培的赏识，他在《湖南自修大学介绍与说明》中，称之为“合吾国书院与西洋研究所之长而活用之”[2]的典范。借鉴书院最成功、影响最大的实践活动是略仿旧日书院及英国大学制度而建立的清华国学研究院，它的设计蓝图出自对书院情有独钟的胡适。在吴宓的主持下，清华国学研究院四大导师各显神通，以西学为书院正名，在静悄悄的革命中，仅仅用四年时间，就培养出一批杰出人才，创造了一个现代教育的神话。

书院实践的第二个指向是创建新的书院、复兴书院制度。马一浮创办的复性书院，梁漱溟、熊十力创办的勉仁书院，张君劢创办的学海书院，钱穆创办的新亚书院等，皆属名家名院，史家已将其归于现代新儒家的书院复兴之举。这批书院，以复性书院声名最大，新亚书院的生命力最强。新亚书院至今仍在香港中文大学的体制之下运作，且为今日大陆一些高校所仿效。若再加上民国期间一些军政名人兴办书院，如张学良的萃升书院、黄绍竑的天目书院、宋哲元的莲池书院，以及民间云南昆明五华书院、江西安福厚俗书院等，则书院在民国时期确实已然是“复现于斯世”了。

书院“二落”于20世纪50年代，历约30年时间（1950—1979）。其时，大陆照搬苏联的教

①毛泽东：《湖南自修大学创立宣言》，《东方杂志》1923年第20卷第6号。

②蔡元培：《湖南自修大学介绍与说明》，《蔡元培教育论著选》，北京：人民教育出版社，2011年，第443页。

育模式，书院受到冷遇。到1966年，除各地《文史资料》刊登17篇书院资料之外，一共只有3篇关于书院的论文。“文革”十年，书院再次从人们的视野中消失。这一情况，直到1979年杨荣春在《华南师院学报》第一期发表《中国古代书院的学风》才宣告结束。

值得庆幸的是，港台地区的书院尚存一线生机，新亚书院在二十世纪五六十年代成就甚大，它将宋明书院传统和新的亚洲建设联系到一起，融人格教育、知识教育、文化教育于一体，是现代社会实践儒家教育理念的典范，广为社会关注。而在台湾地区，建于清代的书院多有为人所修复者。至于书院研究，这30年间至少有42篇文章发表，最重要的研究成果是孙彦民的专著《宋代书院制度之研究》，曾被国内外学者广泛引用。

书院“二起”于20世纪80年代，至今也是30年。这个时期，以2000年为界，大致可以分为两个阶段。20世纪最后20年与最初20年对应，但冰火两重天，书院一变被改、被废、被毁的命运，进入再次复兴的准备时期。21世纪前10年，则可视为书院复兴的开始期。论其表现，仍从书院研究与书院实践两方面来叙述。

1981年，《中国古代的书院制度》《中国书院史话——宋元明清书院的演变及其内容》《中国书院制度考略》三本著作在上海、北京、台北分别出版，这预示着中国书院研究第二个高潮的到来。1985年一年，全国发表书院相关论文60篇，首次超过20世纪20年代以来任何一个10年的总和。这是一个标志性的数据，从此，中国书院研究进入一个持续高涨期。跨世纪、新千年的热情也体现在书院研究上。仅2000年一年，就有论文85篇，著作10种，表现强劲。随后持续走高，在2002年突破百篇大关，2005年再破二百篇大关，至今仍居高不下。

书院能长达30年成为学术界关心的热点问题，本身就是其重返社会文化教育生活的一个重要标志，而修复传统书院、创建新型书院更是其复兴的重要体现。传统书院修复以岳麓书院、白鹿洞书院、石鼓书院、嵩阳书院、应天府书院、东林书院、东坡书院等天下名院为代表，其中，最典型的代表是素号“天下四大书院”之首的千年学府岳麓书院。它不仅被全面修复，初列为全国重点文物保护单位，还招收本科生、硕士生、博士生，在现代大学体制内，全面恢复书院教育与学术研究等文化功能，又招收国外留学生、访问学者，成立中国书院研究中心，创建中国书院博物馆，以书院教育、研究、资料、陈列展示中心，成为书院服务于当今社会最成功的范例。

新型书院的创建，也不时见诸媒体，最著

名的是 20 世纪 80 年代以北京大学教授汤一介先生为院长的中国文化书院。该书院以弘扬中国传统文化、大力推行中国文化教学与研究工作、让中国文化走向世界与让世界文化走向中国等为宗旨，组成院务、学术、基金等委员会，聘请冯友兰、梁漱溟、张岱年、季羡林、任继愈、杜维明等数十位名家为书院导师，编写系列教材 30 余种，举行文化系列讲习班、函授班，其中仅中外文化比较研究函授班就有注册学生 12754 人，集中授课时，常常听者云集，风动数省，影响甚大，成为八九十年代“文化热”最重要的推手之一。

进入 21 世纪，书院再现复兴迹象，新建书院在 600 所以上，且呈现多样性文化指向。如西安白鹿书院、山东龙口市万松浦书院、天津北洋书院，分别由陈忠实、张炜、冯骥才先生创办主持，他们以省市作协主席或茅盾文学奖得主的身份，投身于书院建设，代表了当代文学家对书院的理解，赋予现代书院更多的文学情怀、更灵敏的社会关怀与更急切的文化责任。又如山东泗水县的尼山圣源书院，实行“民办公助，书院所有，独立运作，世代传承”的机制，团结海内外有志儒学事业的学者，在当地政府支持下，成功举办高端国际学术论坛——尼山世界文明论坛，推动儒学与基督教、伊斯兰教等对话。再如厦门筼筜书院，以“政府支持、企业投资、公益性经营”

的方式运营，坚持"旧学商量，新知培养"的理念，定期开办海峡两岸国学论坛，长年开展国学经典教育。除了实体书院之外，尚有百余所书院在互联网这一虚拟空间开展各种文化学术活动。北京什刹海书院的创办，更宣示新形势下儒佛相融的文化选择。

凡此种种，不胜枚举，表明当代新书院由古开新，正在努力适应与满足全球化背景下快速转型社会中各种不同类型、不同层次读书人的文化教育需求，开拓新的发展方向与空间。

二 书院的文化精神

书院作为一种制度，虽然被结束于清末废书院、兴学堂的改制之中，但作为其灵魂的书院精神一直在读书人中传承不衰。书院废甫二十年，当人们重新审视西方大学制度的缺陷时，书院倡导的自由独立、自发研究等精神再度为当时的知识分子所关注。

1923 年 4 月，毛泽东在《湖南自修大学创立宣言》中最早提到了他所推崇的书院精神。此后不久，胡适在其《书院制史略》中针对当时教育界所提倡的"道尔顿制"，提出了"书院精神"，并将其概括三点，一是"代表时代精神"，二是"讲学与议政"，三是"自修与研究"。他还特别提出"书院之真正的精神唯自修与研究"，"书院里的学生，无一不有自由研究的态度，虽旧有山长，不过为学问上之顾问；至研究发明，仍视平日自修的程度如何。所以书院与今日教育界所提倡道尔顿制的精神相同”[①]。

新儒家的代表人物张君劢，在《书院制度之精神与学海书院之设立》一文中，针对当时中外各种大学“教师只是卖知识，学生只是买知识”的现象，提出书院的精神是要负起责任，“不但讲学识，尤其要敦品行”。[②]

综合民国及当前书院研究成果，我们认为，作为儒家士人精神家园与儒家文化典型代表的书院，其文化精神主要包含以下内容。

1. 自由讲学

自由讲学是书院教学的一大特色，主要表现在山长自由研究、讲学，书院生徒以自修为主、涉猎广泛，教学上倡导师生间质疑问难，多有辩论。

唐五代时期书院多为文人读书治学、游宴会友、吟诗作文的场所。宋代开始书院很快与日益兴起的理学相结合，成为儒家学者进行自由讲学的基地。他们以书院为学派基地，探讨学术、讲授自己的著作和传播其理学思想。理学大师们对于传统经典著作侧重于阐释自己的见解，而非汉学经师注重于对经典的传注，如程颐在伊皋书院讲述自己的著作《易传》、胡安国在碧泉书院讲述自己的著作《春秋传》。张栻、朱熹、陆九渊等学者虽然各自对儒学经典的理解不同，所开

①胡适：《书院制史略》，《胡适全集》卷二十，合肥：安徽教育出版社，2003年，第114-115页。

②张君劢：《书院制度之精神与学海书院之设立》，《新民月刊》1935年第7—8期。

创的学派各具特色，部分观点相异，甚至针锋相对。但他们都善于吸纳他人观点，和而不同，体现了学术自由的特色。

书院山长不存门户之见，经常邀请不同学派的大师甚至持不同学术观点的学者来院讲学，开书院会讲先河。乾道三年（1167），理学家朱熹闻张栻阐胡氏之学于岳麓，不远千里而来访学。朱、张会讲，以岳麓书院为中心，并往来于善化（今长沙）城南书院、衡山南轩书院，以“中和”为主题，涉及太极、乾坤、心性、察识持善之序等理学普遍关注的问题，讲论两月有余，“学徒千余，舆马之众，至饮池水立竭，一时有潇湘洙泗之目焉”。这次学术活动，首开书院会讲、自由讲学之风。宋孝宗淳熙二年（1175），吕祖谦、朱熹与陆九渊讲学于江西铅山鹅湖寺，三家就为学之方激辩三日而未能合，由于三方各执己见，最终不欢而散，但在学术史上产生了重大影响。

书院的教学以学生个人读书钻研为主、山长辅导为辅，因此，名师们都把指导学生学会读书作为教学的重要任务。学生大量的时间是在老师的指导下认真读书、自行理会，山长讲解或提纲挈领、重点分析，或指点迷津、回答疑问，一般随人深浅、因材施教。书院教育提倡自学，但并非放任自流，也非常注意发挥山长的指导作用。书院山长要求自己的学生在学习过程中学会存疑、进行创新，拥有自己的思想和观点，而不要囿于前人研究，这种教学思想即使是在今天也是非常有价值的。清代岳麓书院山长王文清在为书院诸生指定的《读经六法》中提出正义、通义、余义、疑义、异义、辨义，《读史六法》则涵盖记事实、玩书法、原治乱、考时势、论心术、取义论，便是这一要求的集中反映。

书院教学的另一重要特色就是倡导师生之间、学生之间问难论辩，从而使得书院的学术气息十分浓厚、教学气氛格外活跃。理学家们在其治学过程中认识到提问的重要性，朱熹即认为存疑是治学的必经步骤。在理学大师们的语录、文集中，有书院师生问难论辩的大量讲学记录。不仅有学生提问、导师解答，还有导师反问、要求学生解答的记录。这种教学方法活跃了学生的思想，使讲学充满着学术争鸣的气氛。由于学生在教学活动中有问有答，使其求学的主动性得到充分的发展，因而成为书院教学特色与书院精神的特质之所在。

2. 德育为先

儒家教育的鲜明特色在于对道德人格的关注，因而儒家人文教育始终致力于一个重要目标，就是如何培养出主体性道德人格。南宋前期，鉴于官学沦为科举附庸的流弊，理学大家提出了新的教育宗旨，即要求恢复儒家先秦教育的传统，以培养道德人格为书院教育的目的。所以，古代书院对生徒的培养不仅注重学术知识的传授，更关注他们良好道德品格的养成。朱熹在《白鹿洞书院揭示》中即明确阐述了书院教育的目的："熹窃观古昔圣贤所以教人为学之意，莫非使之讲明义理，以修其身，然后推以及人，非徒欲其务记览为词章，以钓声名取利禄而已也。"[①]他认为书院教育的目的不是为了获取个人的名利，而是为了进行义理教育、道德修身，以培养出合乎儒家道德标准的理想人格。书院作为一种制度历宋、元、明、清四朝七百多年，其制度本身及讲学内容、宗旨多有变易，但其训育生徒品德养成的宗旨则始终未变，承袭中国传统的伦理观念，旨在变化生徒气质，使其成为明伦知礼的士子。

书院对生徒道德品性的养成之法主要以祭祀、山长表率和学规要求为主。自宋代书院制度建立后，祭祀已逐渐成为书院的主要活动之一，这也是书院对生员进行道德情操培育的重要举措。书院通过定期的祭祀活动，意在将先哲前贤的伟大人格树立为生员心目中的理想形象，使其见贤思齐，养成知礼义、明廉耻的高贵品质。书院祭祀人物多以孔子和后代儒学大师为主，地方官员、乡贤名宦及书院的杰出生徒也是书院的祭祀对象，从而为生员正学统、树师模，使其在潜

① [宋]朱熹：《白鹿洞书院揭示》，《中国古代教育文选》，北京：人民教育出版社，1979年，第271页。

移默化中师法前贤典范。祭祀外，书院还注重以山长训导来影响生员的人格品德。书院多要求山长长期住院，期望通过师生朝夕相处，师长以身作则，产生示范作用，使生员变化气质。书院还订立学规，以方圆规矩为生员遵守的法则，使其养成良好的为人处世规范。书院所定学规多涵盖生员修身、齐家、交友、入仕、治学等各个方面，从诸多领域对生员言行举止及生活的各个方面加以要求，使其符合儒家伦理道德规范的要求，成为国家意识形态的维护者，能够承担起移风易俗、教化乡里的重任。

3. 追求独立

书院追求独立自治的传统，其核心表现为大师治校，如两宋时期张栻主岳麓书院、朱熹主白鹿洞书院、陆九渊掌象山书院、吕祖谦掌丽泽书院等。书院的办学自主权主要表现在一定程度的经费自理、自主招生、自设课程、自制学规章程等。

古代书院的经费来源有官府拨付、家族提供、官绅民众捐赠、书院自置等，呈现多元性，而且不受任何一方的绝对控制，可以成为一切活动正常运转的保障。而管理上订有严格的收支章程，且有专人打理与监管，也可以不受他人控制。书院发展到清代，随着以省会书院为代表的官方书院体系的建立，官府对书院的管控越加严密，但书院在经费上仍享有一定程度的自主权。在宗族、乡村等其他非官方书院中，书院的独立自主性更加明显。清以前书院对生徒身份并没有严格要求。生员多慕山长声名，不远千里裹粮肄业于书院，生徒居院也没有年限要求，往来自由。一些名儒宿学，从其学者往往数百上千人，没有出身、贵贱、老少的限制，只要达到品德学问的基本要求，均可为及门弟子。清代官立书院始有严格的生徒名额、入学资格等详细规定。书院在教学内容上虽多以儒家经典为主，但各书院间比较灵活，具体课程设置上也存在较大差别，不同学术流派的大师，在书院中可以自由讲授自己的新思想。除儒家经典和各派的学术见解外，书院还可以学习史书和其他诸子之书。书院的自主性还体现在书院可以根据自身需求，制订符合自身情况的学规、章程，以明确自身的为学宗旨与具体的管理要求。古代士人群体多因应自身的不同需求而创立书院,故书院在类别上较为丰富与多元，各书院间也存在较大的差异性。

4. 尊师爱生

宋代理学大师们在倡导创建新型的书院模式时，就注意到了师生关系的构建问题。他们对当时官学中师生关系冷漠疏远的弊端有着清醒的认识。“师生相视，漠然如行路之人”[①]，因而书院特别注意构建和谐、融洽、深厚的师生关系。

①[宋]朱熹:《学校贡举私议》,《中国古代教育文选》，北京：人民教育出版社，1979年，第278页。

选取生徒及育人方式、方法上的灵活性与开放性，使得书院在建立良好的师生关系上具有明显的优越性。首先，书院生徒在择师入院时具有选择自主性。生徒决定到哪一所书院求学，往往是因为仰慕该院山长的道德学问已久，因而入院后对山长十分尊崇。其次，书院生徒数量不致过多，师生间朝夕相处，耳濡目染，从而感情日笃。山长时常带领生徒游憩于山水之间、林泉之下，寄情赋诗作文，饮酒助兴，这种自在游学的教学方法有助于拉近师生间的感情。南宋时朱熹以终生讲学书院为志，教授弟子达数百之众。弟子们对朱熹充满感激之情，在学术上将其推崇为孔孟道统的继承人。朱熹的大弟子黄榦论及“由孔子而后，曾子、子思继其微，至孟子而始著；由孟子而后，周、程、张子继其绝，至熹而始著”[①]。陆九渊创建象山精舍讲学，四方学子接踵而来，与其建立了深厚的师生情谊。陆九渊逝世后灵柩运回家乡，弟子门人前来吊唁者近千人。

书院山长多能以身作则，以自身的实际行动作为学生做人、为学的榜样，他们对学生关怀备至，并倾其所知以授后学，尽其所能传道、授业、解惑。正是书院山长这种“至诚谆悉，内外殚尽”的精神使他们得到了学生的普遍尊敬。朱熹任职于长沙时，往往白天忙于公务，晚上即到书院讲学，他“随问而答，略无倦色，多训以切

①[宋]朱熹:《朱子全书》第27册，上海：上海古籍出版社，合肥：安徽教育出版社，2002年，第570页。

己务实，毋厌卑近而慕高远。恳恻至到，闻者感动”[①]。充分体现了他热爱学生，热爱教育的心情。陆九渊在象山精舍讲学时，深受生徒们的欢迎，其原因在于他关心学生，和学生心心相连，学生们认为他“深知学者心术之微，言中其情，或至汗下”[②]。书院导师对学生的关心，不仅体现在他们热心传授知识给学生，尤其体现在他们更注重培养学生的道德品格。他们确立的书院德育目标，体现了他们对学生品德的关心。

5. 开放兼容

书院是在融合传统官学与私学各自优越性的基础上形成的新文化教育组织，其产生本身就体现了对中国古代教育兼容并包的精神。

书院开门办学，兼收各家之长的精神，还体现在书院善于容纳具有不同学术观点和不同学派的学者大师，在一起讲学争辩，形成“百家争鸣”的学术氛围。如南宋乾道三年（1167），闽学大师朱熹不远千里前往岳麓书院访学，而此时以张栻为代表的岳麓书院正是湖湘学派的学术基地。此后，永嘉事功学派的代表人物陈傅良也来岳麓书院讲学，受到岳麓书院师生的欢迎。可见，南宋时期岳麓书院成为当时以湖湘学派、闽学学派、永嘉学派等主流学术派别大师讲学论道的场所。南宋淳熙八年（1181）朱熹主持白鹿洞书院，力邀与自己学术思想尖锐对立的心学学派大师陆

①［清］王懋竑：《宋朱子年谱》卷四上，台北：台湾商务印书馆，1982年，第192页。

②［宋］陆九渊：《陆九渊集》卷三十三《谥议》，北京：中华书局，1980年，第389页。

九渊来院讲学，两个长期争辩的学派同时在白鹿洞书院讲学，充分反映了书院具有开放、兼容的学风。

宋明时期，书院形成讲会制度，是书院开放兼容特色的制度化结果。这种制度允许不同学派进行会讲，开展争辩，在一定程度上体现了“百家争鸣”与“兼收并蓄”的精神。尽管这种“百家争鸣”的范围十分有限，但较之一般官学却自由得多。会讲时书院的主讲标出自己的“话头”（即讲学主旨）进行讲学，欢迎别人质疑问难，进行论辩。名师在书院讲学，听讲者不限本书院师生，外地士子也可前来听讲。王守仁十分重视讲会传统，并积极倡导实施于书院教育中，使讲会形成一种制度。在王守仁的倡导下，大部分书院都“联讲会，相望于远近”，许多著名学者不远千里赶赴参加讲会。可以说，书院的讲会制度不仅利于其本身的教学，而且为学术交流提供了机会，这便使书院得以打破门户之见而融各家之长，而这在前代学校教育中是没有先例的。

书院的开放兼容还体现在对学生不加限制，允许不同学派、不同地域的学生前来听讲、求教，打破了官学那种关门办学的风气，促进了学术的交流与发展。泰州学派王艮在书院讲学，不仅儒家士子前来听讲，樵夫、工匠也听得津津有味。据说当时，农工商贾各界前来听讲者多达千余人。

这对汲取各家各派的学术专长，促进人才的培养的和学术事业的繁荣，都有很大的好处。

书院精神，除了自由讲学、德性修养、追求独立、尊师爱生、开放兼容等之外，我们还要特别强调两点：一是文化的自觉、自信与担当。我们要有传斯道以济斯民的襟怀，以发扬光大民族优秀文化为己任，在新的形势下，继续践行宋儒的伟大抱负：为天地立心，为生民立命，为往圣继绝学，为万世开太平。二是保持开放之势的同时，善待传统，既吐故纳新，又温故知新。我们应坚持传统与现代并重，既取欧美西学之长处，又重视优秀传统经典，善用中学之精华。与时俱进，由古开新，此则正是书院弦歌千年的精神所在。如此，始能传承书院积累、研究、创新与传播文化的永续活力，建立起新的文化自信，屹立于世界民族文化之林。

书院是读书人的精神家园。只要书和有理想的读书人还在，书院就有存在的可能，就有生长的空间，就有重回社会再创辉煌的无限希望。我们憧憬与期待，书院必将随着中华民族文化的伟大复兴而复兴。

附 录

历代书院统计表

省区	唐	五代	宋	辽	金	元	明	清	小计	合计
直隶	2/	1/	3/		/1	20/2	88/9	214/73	328/85	413
奉天								25/1	25/1	26
吉林								10/	10/	10
黑龙江								1/	1/	1
辽东							6/		6/	6
内蒙古								2/	2/	2
河南	2/	2/	5/1		1/1	16/2	89/10	293/90	408/104	512
山西	1/		1/	1/	4/	14/1	59/7	159/44	239/52	291
陕西	8/		1/			8/	42/6	139/27	198/33	231
甘肃							17/	109/8	126/8	134
山东	1/		4/		2/	22/1	87/9	194/36	310/46	356
江苏			25/2			18/7	103/16	240/37	386/62	448
安徽			18/2			27/5	131/13	147/57	323/77	400
浙江	5/		86/			36/22	139/31	359/77	625/130	755
江西	8/	7/1	163/7			53/38	210/60	467/100	908/206	1114

续表

福建	6/	1/	59/1			15/16	136/44	389/56	606/117	723
湖北			12/		1/	20/3	104/8	136/37	273/48	321
湖南	8/		48/4			22/9	78/22	298/62	454/97	551
广东	2/	1/	36/3			3/15	195/12	607/52	844/82	926
台湾								70/	70/	70
广西			11/			2/2	50/5	177/18	240/25	265
云南							79/	218/37	297/37	334
贵州	1/		1/				28/	139/18	169/18	187
四川	6/		22/			6/1	66/3	557/45	657/49	706
新疆								11/	11/	11
未详	9/								9/	9
小计	59/	12/1	495/20	1/	8/2	282/124	1707/255	4961/875	7525/1277	(8802)

说明：本表格所录省区，大致以清代政区为准。表中斜线前为历代新建书院数，斜线后为修复书院数。如湖南长沙岳麓书院，创建于宋代，元、明、清皆曾重建办学，统计时则作宋代为创建，其他各朝为修复。是故斜线前后数字不能简单合计，但修复书院数千所以上，则显示单个书院跨越两朝以上者众多，其生命力强盛由此可见一斑，也从一个侧面反映出书院历史之悠久绵长。

参考文献

1. 盛朗西：《中国书院制度》，上海：中华书局，1934 年。

2. 孙彦民：《宋代书院制度之研究》，台北：台湾政治大学教育研究所，1963 年。

3. 刘伯骥：《广东书院制度》，台北：台湾编译馆中华丛书编审委员会，1978 年。

4. 王尔敏：《上海格致书院志略》，香港：中文大学出版社，1980 年。

5. 章柳泉：《中国书院史话》，北京：教育科学出版社，1981 年。

6. 陈元晖、王炳照、尹德新：《中国古代的书院制度》，上海：上海教育出版社，1981 年。

7. 张正藩：《中国书院制度考略》，南京：江苏教育出版社，1985 年。

8. 杨布生：《岳麓书院山长考》，上海：华东师范大学出版社，1986 年。
9. 杨金鑫：《朱熹与岳麓书院》，上海：华东师范大学出版社，1986 年。
10. 杨慎初、朱汉民、邓洪波：《岳麓书院史略》，长沙：岳麓书社，1986 年。
11. 李邦国：《朱熹和白鹿洞书院》，武汉：湖北教育出版社，1989 年。
12. 李才栋编著：《白鹿洞书院史略》，北京：教育科学出版社，1989 年。
13. 朱汉民：《中国的书院》，北京：商务印书馆，1991 年。
14. 朱汉民：《湖湘学派与岳麓书院》，北京：教育科学出版社，1991 年。
15. 吴万居:《宋代书院与宋代学术之关系》,台北:文史哲出版社，1991 年。
16. 刘卫东、高尚刚编著：《河南书院教育史》，郑州：中州古籍出版社，1991 年。
17. 丁钢、刘琪：《书院与中国文化》，上海：上海教育出版社，1992 年。
18. 杨布生、彭定国编著:《中国书院与传统文化》，长沙：湖南教育出版社，1992 年。
19. 李才栋：《江西古代书院研究》，南昌：江西教育出版社，1993 年。
20. 李国钧主编：《中国书院史》，长沙：湖南教育出版社，1994 年。

21. 白新良：《中国古代书院发展史》，天津：天津大学出版社，1995 年。

22. 季啸风主编：《中国书院辞典》，杭州：浙江教育出版社，1996 年。

23. 朱文杰编著：《东林书院与东林党》，北京：中央编译出版社，1996 年。

24. 胡青：《书院的社会功能及其文化特色》，武汉：湖北教育出版社，1996 年。

25. 陈谷嘉、邓洪波主编：《中国书院制度研究》，杭州：浙江教育出版社，1997 年。

26. 林文龙：《台湾的书院与科举》，台北：常民文化事业股份有限公司，1999 年。

27. 胡昭曦：《四川书院史》，成都：巴蜀书社，2000 年。

28. 徐梓：《元代书院研究》，北京：社会科学文献出版社，2000 年。

29. 方彦寿：《朱熹书院与门人考》，上海：华东师范大学出版社，2000 年。

30. 黄新宪：《台湾的书院与乡学》，北京：九州出版社，2002 年。

31. 邓洪波：《中国书院史》（增订版），武汉：武汉大学出版社，2012 年。

32. 周汉光：《张之洞与广雅书院》，广州：广东人民出版社，2012 年。

后 记

2011 年 12 月，我的《中国书院史》（增订版）交稿，收入武汉大学冯天瑜先生主编的“中国专门史文库”，次年 11 月出版。适逢书院文化热，书籍畅销，2013 年 4 月加出精装本，2015 年 12 月平装本第二次印刷。期间，蒙冯先生抬爱，嘱我在原有成果的基础上精心改编成普及本，列入“中华文化元素”系列丛书，再加推广。

书院是儒家文化的道场，是读书人的文化教育组织，由唐而宋、元、明、清，经 1200 余年的发展，得以遍布除今西藏之外的全国所有省区，数量达到 7500 所以上，成为读书人文化教育生活不可或缺的部分。它为中国教育、学术、文化、出版、藏书等事业的发展，对民俗风情的培植，国民思维习惯、伦常观念的养成等都做出了重大贡献。明代开始，它又走出国门，传到东亚、东南亚，甚至欧美地区，为中华文明的传播和当地文化的发展做出了贡献。近代以来,因为新学、西学的加盟，它又成为沟通中西文化的桥梁。

冯先生慧眼识珠，书院通体都是中华文化元素，宜乎列入本丛书。

本书是师生合作的成果。大纲确定后，由我和博士生兰军共同完成初稿于2014年6月。图片及其说明，完成于同年9月。其后，几经修改、润色，到2015年7月定稿。书中照片，除同事黄沅玲提供外，多数来源于笔者参与主编的《中国书院》(画册)，少数为自拍，或采自网络，谨此说明，并志谢忱!

邓洪波

2016年10月

于岳麓书院胜利斋